NICOLÁS CONSTANTINI,
COLAU

última línea
de ensayo

JOSÉ LUIS LURI

NICOLÁS CONSTANTINI, COLAU

Mar, contrabando y revolución en el Mediterráneo del siglo XIX

última línea

Primera edición, marzo de 2026

© Última línea, S.L., 2026
Juan Cortés Cortés, 3
29010 Málaga
www.ultimalinea.es
editorial@ultimalinea.es

www.facebook.com/EditorialUltimaLinea

@EdUltimaLinea

ISBN: 978-84-16159-14-7
Depósito legal: MA 204-2026
THEMA: NHTM, 3MN-ES-A

Impreso en España — Unión Europea

ÍNDICE

UMBRAL

«El bravo Constantini, llamado Colau, a quien todos conocíamos en Orán, primero como hábil contrabandista con sus faluchos y luego, durante los acontecimientos políticos que acabamos de recordar, como almirante de la flota disidente que escapó de Cartagena para venir a Mers-el-Kébir bajo nuestra protección. Talavera y Constantini compartieron su internamiento en el fuerte de piratas a causa de las grandes y nobles ideas de la Revolución Francesa, e hicieron repetidos esfuerzos para mejorar la suerte de los humildes, los pequeños trabajadores de las ciudades y el campo».[1]

Estas breves palabras proceden de un artículo publicado en 1893 en la prensa de una pequeña localidad próxima a Orán. Evocan la figura de Nicolás Constantini siete años después de su muerte y dejan entrever rasgos esenciales de su carácter. Sin embargo, Colau, nacido en Calp (Alicante), sigue siendo hoy un personaje casi desconocido. Su trayectoria, a caballo entre el hecho y la leyenda, lo sitúa con pleno derecho entre los nombres destacados de la Revolución Cantonal de Cartagena.

La presencia de Constantini en los textos de Galdós o Ramón J. Sender contribuyó a perfilar un personaje literario cargado de

---

1   *Le Progrès de Bel-Abbès*, año XI, n.º 1.015, 6 de agosto de 1893, p.1, Folletín «Disparus». La traducción es nuestra. Hace referencia el texto al español Lázaro Talavera, veterano jefe de un batallón de infantería (cazadores).

tintes épicos. Quizá exagerados, como corresponde al proceso de literaturización del protagonista. Así lo advirtió Medioni (1979: 82), quien lo describe como «una personalidad bastante coloreada y algo enigmática, puesto que no se conoce ni siquiera exactamente su apellido». Esta imprecisión onomástica fue confirmada por la revisión del material archivístico a comienzos de este siglo. El propio Galdós, tras calificarlo como un «Barbarroja redivivo», llegó incluso a confundirlo con un profesor de francés que terminó sus días en Cartagena. De esa mezcla de mito y fábula emerge una realidad que exige estudio para otorgar a Constantini su dimensión histórica exacta.

¿Fue turco o alicantino, marino o contrabandista, almirante o pirata, idealista o advenedizo, héroe o villano? El atractivo del personaje reside precisamente en esa sucesión de pares que nunca terminan de definirse. En ese mismo territorio de contradicciones se desenvolvió también el sueño federal que, durante seis meses, convirtió a Cartagena en una ciudad-Estado y a Colau en almirante del cantón al mando de la fragata *Numancia*, buque insignia de la Armada española.

El objetivo de esta obra se articula en dos planos. Por un lado, documentar —con fuentes no siempre abundantes ni sólidas— unos hechos que aún conservan un marcado carácter literario. Por otro, aproximarse al perfil personal y al sistema de motivaciones que guiaron las acciones de Nicolás Constantini dentro del marco histórico conocido. Solo así podrá emerger una imagen más precisa y justa de su figura.

El primer rastro escrito de Colau en Calp procede del párroco Vicente Llopis (1953: 128). La referencia es breve y carece de contexto. En investigaciones locales posteriores se ha citado de manera reiterada, pero sin añadir información ni profundizar en el personaje. Ese primer apunte abría más interrogantes que certezas. La ausencia de referencias complementarias obligaba a buscar fuera del espectro local nuevas pistas sobre la trayectoria de Colau. Esa línea de investigación condujo mi trabajo a Cartagena en 2002, donde conocí a Juan Antonio Gómez Vizcaíno, coronel de artillería retirado e historiador.

La cortesía del coronel me abrió puertas documentales. Me entregó un paquete de folios manuscritos por él mismo, con notas extraídas de archivos cartageneros. Desconocía que Colau fuera originario de Calp. Lo situaba en Alicante y le atribuía ascendencia genovesa. Gracias a él constaté que la huella del movimiento cantonal seguía viva en aquel puerto y que el personaje de Constantini aún despertaba auténtico interés. Fue él quien me recomendó la edición de *Mr. Witt en el cantón*, prologada por José María Jover, obra con la que Sender obtuvo el Premio Nacional de Literatura en 1935. Con conocimiento y disposición, me abrió caminos de investigación y se mantuvo siempre dispuesto a colaborar.

Durante años, la escasez de fuentes sólidas desalentó un estudio en profundidad, haciendo que mi dedicación al personaje fuera intermitente. Sin embargo, en un ejercicio que luego interpreté como una procrastinación sabia, opté por postergar el proyecto antes que reducirlo a la extensión de un artículo. Tenía la esperanza de dar con el corpus testimonial robusto capaz de impulsar la investigación hacia su desenlace.

En algún momento me propuse localizar a algún descendiente del marino, lo que no parecía tarea fácil a pesar de que la tecnología se había ido poniendo de mi parte. Comprendí que, con toda probabilidad, no tendría nacionalidad española. Quizá francesa. Constantini es un apellido bastante común, que bien podía haber desaparecido tanto del tronco como de la rama. Además, el transcurso de unas cinco generaciones dificultaba aún más la posibilidad de encontrar a un familiar que pudiera arrojar luz sobre las muchas cuestiones que me planteaba. En ocasiones, mi interés por historiar se ha encontrado incluso con la indiferencia de implicados y protagonistas.

Agotadas las fuentes de prensa histórica, consultadas las bibliográficas y traicionadas mis expectativas, establecí contacto de forma fortuita con Jean Luc Paez, un joven hispano-francés, en el invierno de 2017. En realidad, llegó a mí a través de un amigo común, en un episodio sincrónico fascinante. Vivía en Alicante, a pocos kilómetros de distancia. Jean Luc era descendiente directo de Colau y admirador de su figura. Poseía la sed de conocerlo en toda su dimensión. Mostró la generosidad de alentar este trabajo, poniendo a mi disposición los retazos documentales que había podido reunir a través de su familia. Que no eran muchos. Eso es cierto.

El 21 de febrero de ese año me presenté en su casa de Alicante. Le acompañaba su padre, Alain, de origen español, hoy fallecido. Me mostraron una imagen original de Colau, muy deteriorada, del fotógrafo Tuduri de Orán. Debía de haber sido tomada en sus últimos años. Era inédita. El marino, tras sus patillas corridas, mostraba dos medallas honoríficas.

Retrato de Nicolás Constantini, Colau. Fotógrafo S. Tuduri, Orán. Fuente: archivo familiar.

Alain me mostró documentos. Un hermano suyo había conseguido reunir algunos recortes de prensa de la Argelia colonial. Con esmero, confeccionó un árbol genealógico que distribuyó entre la familia. Me facilitaron copia de una crónica publicada en Orán, de mediados del siglo XX. Narraba aspectos de la vida y hazañas de Colau, e incluía una afirmación sorprendente.

Padre e hijo subrayaron la revelación con un eco de legitimidad histórica. Según ellos, los Constantini eran familiares directos del general Prim.

Retrato del general Juan Prim con el ros de gala. Fuente: *Reus Digital*.

De hecho, indicaron que, tal como sostenía la crónica, Colau y el general fueron primos. Si bien los libros sacramentales no avalarían esos vínculos de sangre, recibí la afirmación con respeto y cautela. Tomé buena nota. Este dato, un elemento más a sumar a mi catálogo de sospechas, poseía un valor simbólico, dada la centralidad de Prim en los sucesos políticos del diecinueve.

Este aspecto no era irrelevante. Poseía un sentido social y psicológico. Podía ser reflejo de un deseo familiar de afiliación heroica, de autoafirmación identitaria, de legitimación de un pasado de lucha y exilio. Desde el punto de vista narrativo, funcionaba. Ayudaba a construir un personaje mítico, con raíces nobles, con un linaje que conectaba la costa mediterránea con la historia liberal y progresista de España. Por tanto, no recibí la noticia como un hecho histórico, sino como un elemento de hipótesis abierta que ya venía respirando en el hilo de mis averiguaciones.

Alain Paez Constantini, mi anfitrión, era bisnieto de Colau. Conservaba unos pliegos manuscritos procedentes de su abuelo, hijo de Nicolás Constantini. Se trataba de recuerdos redactados en su día por el joven Nicolás Edouard, quien apenas tenía cuatro años cuando Colau falleció. Las notas que recibió de su progenitor afirmaban que fue un antiguo oficial general de la Marina Real española. Carlista convencido que participó en el movimiento desencadenado contra los «cristinos» de la dinastía reinante.

Liberado por decisión del emperador Napoleón III, continuaba el escrito, se estableció en Orán, donde obtuvo la naturalización. Así, reincorporado a la vida civil, no dejó de ser marinero, ya que compró tres balandras y participó en operaciones comerciales, trayendo tabaco que revendía en el *Comptoir* de Orán. Su barco fue interceptado por la Aduana española. Sufrió prisión. Pero logró interesar en su caso a Prim (general en la Corte y consejero de la Reina, quien ordenó su liberación con la estricta condición de que no volviera jamás a poner los pies en su tierra natal).

Esta relación de acontecimientos narrada por Nicolás Edouard se publicó en la prensa oranesa, como indiqué.[2] No estaba exenta de inexactitudes. Contenía información distorsionada y mezclaba hechos de distinta época, tal vez como resultado de una transmisión oral fragmentaria y del desgaste natural de la memoria. Marino como su padre, Nicolás Edouard se había casado en Orán con Gertrudis Méndez. Tras una larga vida laboral como inspector de los tranvías de la ciudad, falleció en 1958.

Imagen de Alain Paez en el panteón de la familia Constantini. Cementerio de Orán. Fuente: archivo familiar.

Al considerar el parentesco con Prim y contrastar la visión familiar con los hechos conocidos, noté la profunda contradicción que pesaba sobre Constantini. La historia me presentaba a un almirante federal y republicano, líder de orientación progresista. En cambio, la memoria de sus descendientes lo había transformado en un militar de filiación tradicionalista y reaccionaria. Era la prueba irrefutable de que, en el exilio, la verdad afectiva y la verdad factual habían dejado de ser compatibles.

Al leer la inserción periodística que encabeza este texto, comprobé que el autor había exaltado la adscripción de Colau a los valores de la Ilustración y de la Revolución Francesa. Este aspecto evidenciaba que Nicolás había sido algo más que un marino durante su vida oranesa. Delataba a un hombre que mantuvo una acción

---

2   Se publicó en *L'Echo d'Oran* en 1954, reproducido en *L'Echo de l'Oranie*, n.º 270, Septiembre-octubre, 2000.

pública en la defensa de las ideas sociales y progresistas. Por eso se le recordaba entonces en la colonia. Y, con toda seguridad, por hechos que nada tenían que ver con los esfuerzos de implantación del republicanismo federalista en España.

Esto era lo que realmente me interesaba: conocer al hombre detrás del mito.

La bibliografía existente sobre la Revolución Cantonal de Cartagena es muy amplia. Como investigador, rehúyo las obras que no aportan nada y se limitan a compilar lo ya publicado; volver sobre lo ya interpretado me parece impropio. Me preguntaba qué podía sumar yo sobre este personaje, originario de la población en la que vivo desde mi primera juventud. Qué podía desvelar sin caer en reiteraciones después de haber recogido unos testimonios tan escasos y contradictorios.

Nueve años después, he decidido retomar el hilo de lo que se dispone y tejer, hasta donde alcance, el lienzo de lo que se conoce. No pretendo escribir una biografía, acaso una aproximación honesta. Todo narrador aspira a reunir los elementos que permitan conformar una historia completa y confiable, aun sabiendo que las fuentes no siempre son suficientes y que las conclusiones pueden resultar provisionales.

Para comprender al hombre que la historia transformó en almirante cantonal, el primer paso era regresar al territorio elemental de su vida: Calp, la tierra que lo vio nacer y que su propia memoria familiar terminó, en parte, por negar.

CAPÍTULO I

CALP O LA TIERRA NEGADA

La visión que de Constantini dejó Galdós confirma el trasfondo de sus orígenes. En *De Cartago a Sagunto* escribía el autor: «Descollaba Colau entre la muchedumbre por su robusta complexión y lucida estatura, por su curtido rostro y el mirar flamígero de sus ojos negros. Como el azabache eran también sus cabellos crespos, sus cejas pobladas y el bigotazo que perpetuaba la tradición de la moda turquesca. Coronaba su cráneo con el fez rojo...» (Pérez Galdós, 1911:122).

El apellido Constantini apunta hacia el Mediterráneo oriental, a los entornos griegos y levantinos del Imperio otomano. Remite a una tradición onomástica propia de familias de marinos comerciantes asentadas en plazas como Esmirna, Chíos, Syros o Egina. Estos territorios se hallaban marcados por la presencia veneciana y genovesa, donde los linajes cristianos de lengua italiana o griega conservaron apellidos como el suyo a lo largo de los siglos, incluso tras la conquista turca. En aquel contexto geopolítico —finales del siglo XVIII—, múltiples razones pudieron empujar a un joven de apellido Constantini a buscar nuevos horizontes.

La guerra, la presión fiscal otomana sobre los no musulmanes, el declive de las rutas tradicionales del Egeo o el azar de una tormenta eran razones suficientes para que un navegante recalase en las costas del Levante español y decidiera establecerse allí. Calp, con su tradición pesquera y comercial, sus almadrabas y sus fondeaderos naturales, ofrecía un destino propicio para esa clase de enraizamientos discretos.

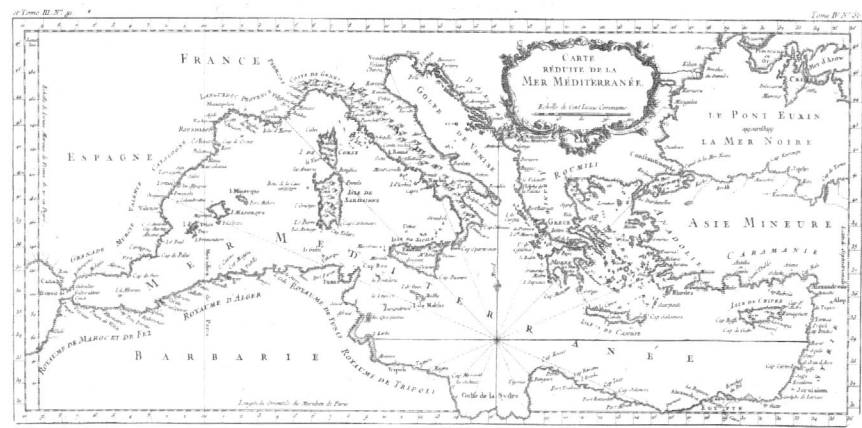

Carta reducida del mar Mediterráneo. Jacques Nicolas Bellin, 1760.
Fuente: https://www.ign.es/

El primer Constantini pudo haber arribado a esta zona costera como patrón de un pequeño falucho, como práctico de cabotaje, como socio menor de alguna empresa mercantil con la que rompió pronto, o incluso como desertor de alguna flota extranjera. No existe constancia documental de su llegada.

Nicolás Constantini, conocido como Colau y también como *el Genovés*, nació en Calp entre 1826 y 1833, según las fuentes disponibles. La fecha exacta es indeterminada, pues la población perdió sus archivos parroquiales y municipales durante la Guerra Civil española. Los asientos del registro civil de Orán, donde figuran varias anotaciones relativas al protagonista, indican edades contradictorias que impiden fijar con certeza su año de nacimiento. Nicolás era hijo del matrimonio formado por Juan Bautista Constantini Vacca, originario de Génova, y la calpina Josefa Sau, perteneciente a una familia de marineros locales.

Sabemos que de este enlace nacieron nueve hijos.[3] En ese hogar se criaría Nicolás Constantini. Su infancia en Calp debió de transcurrir a la sombra de ese padre extranjero, de acento distinto, quizá todavía embarcado, quizá ya establecido en tierra.

---

3   Además de dos varones, Francisco y el propio Nicolás, Serafina, Teresa, Catalina, Trinitaria, Josefa, Concepción y María.

El apellido paterno se mantuvo, ni suprimido ni castellanizado. Constantini, sin variaciones, incluso con la adición del segundo sin consonante duplicada, «Vaca» en algunos registros, lo que denota una voluntad de arraigo sin renuncia.

La vida de Juan Bautista quedó diluida en la memoria local; solo sobrevive en un par de censos como vecino elector en 1839 y propietario con una renta anual de 400 reales. Lo que Colau heredó de su padre fue un apellido de resonancias bizantinas y una raíz levantina que se fundiría con los azares de la historia decimonónica española.

Juan Bautista Constantini Vacca, nacido en 1795, aparece también citado en la documentación de los registros oraneses. En ellos figura como padre de Francisco Constantini, su primogénito, nacido en 1817 en Calp. Juan Bautista debió de llegar a esta villa hacia 1815, tras la dispersión de su linaje. En 1867, Colau firma en Orán como declarante en el acta de defunción de Sotiri Constantini, marino, nacido en «Eyena» (casi con certeza la isla griega de Egina). Nicolás se identificaba en el documento como «hermano del difunto», según consta en el acta. La cercanía cronológica, el oficio y el apellido sugieren una relación estrecha de familia.

El parentesco literal no puede probarse. Los nombres de los padres no coinciden. Pero la cercanía cronológica, la concordancia de apellidos, oficios y lengua sugieren que ambos pertenecían a una misma red familiar dispersa, con ramificaciones en Egina, Génova, Calp y Orán.

1. Calp a finales del Antiguo Régimen

El estudio de la pequeña sociedad calpina de la época revela un carácter singular respecto a otras poblaciones cercanas. La práctica totalidad del patrimonio territorial del término municipal pertenecía a la oligarquía terrateniente de Benissa, los Feliu y los Abargues, salvo algunas pequeñas propiedades de labradores. El principal recurso económico de la villa —la tierra y su explotación agrícola— quedaba fuera del control de sus propios habitantes. También se observa la presencia de una reducida élite intelectual, en su mayoría forastera y castellanohablante, integrada por los oficiales y cobradores de rentas de la Real Hacienda. Estos desempeñaban cargos como administradores o fieles de la salina local y como colectores de exacciones y derechos de aduana: los llamados «cabos de renta».

Este sistema se consolidó durante el siglo XVIII como resultado de las políticas centralistas de la monarquía borbónica. La concentración del poder fiscal en manos del Estado y la designación de agentes externos para la gestión de los recursos locales restringieron la autonomía de las pequeñas comunidades. El resultado fue una economía subordinada a intereses ajenos y un tejido social dividido: por un lado, la población dedicada a la agricultura y al mar; por otro, una minoría vinculada al aparato administrativo.

El trabajo marítimo —pesca, cabotaje o contrabando— se convirtió en el único medio de autonomía real para los locales. Lo que para la administración central representaba una infracción, para la población suponía un medio de compensar un orden económico desigual. De esa práctica cotidiana surgirían generaciones de hombres formados en la navegación y habituados a moverse en los márgenes de la legalidad.

En 1831, un informe de la Gobernación de Dénia indicaba que Calp era una villa modesta de 1.591 habitantes y 365 vecinos.[4] En cuatro décadas su población se había duplicado. Este crecimiento respondía a la mejora de la seguridad en el litoral tras el fin de la amenaza berberisca. La estructura social descansaba sobre una base agrícola: dos tercios de la población activa

---

4   AHMD, Gobernación, 7/1, Padrón de 1831. El censo refleja un tejido productivo mínimo; solo encontramos en la población a un herrero y un carpintero, un carnicero, un tabernero y un mesonero. Estos oficios bastaban para cubrir las necesidades básicas. Calp contaba con un pósito, una escuela de primeras letras con 58 alumnos, un matadero, una taberna, una posada y una cárcel provisional.

trabajaban en el campo de forma eventual. La agricultura, pobre y estacional, sin apenas recursos hídricos, apenas ofrecía recursos a sus jornaleros. Los vecinos se abastecían del agua salobre de un pozo medieval: el *Pou Salat*. El centenar de marineros censados representaban la otra vía de supervivencia mediante su dedicación a la pesca.

Vista de Calp y el Peñón de Ifach en el grabado de Alexandre de Laborde. *Voyage pintoresque et historique en Espagne.* Fuente: Biblioteca Nacional, París.

La administración local subsistía con ingresos modestos. En 1832 el presupuesto municipal arrojaba un déficit que se tuvo que sufragar con un reparto entre los vecinos. Esa escasez estructural explicaba la tolerancia hacia las economías paralelas que prosperaban en la franja costera.

El clima político era abiertamente realista. Setenta y dos vecinos figuraban como voluntarios de las milicias absolutistas. En este ámbito conservador, la figura de un extranjero —marino, genovés y comerciante— debía de despertar cierta suspicacia. Su perfil encajaba en la franja más activa del pueblo: marinos y pequeños labradores que, entre el oficio y la oportunidad, movían el hilo de la economía local.

Este era el mundo en que creció Nicolás Constantini. Un Calp sin industria, con tierra escasa y mar exigente, donde la vida dependía tanto del temporal como de las malas cosechas. La pobreza municipal, la estrechez de los oficios y la proximidad de la costa africana convirtieron el contrabando en una práctica habitual. En esa economía de frontera, a medio camino entre la supervivencia y el delito, se formó la generación a la que pertenecía Colau: hombres del mar habituados a la discreción y a la doble moral que imponía el límite entre lo legal y lo imprescindible.

En estos años Calp conservaba una pequeña fortificación, situada junto a la aduana y al fondeadero de su ensenada, conocida como el Torreón de San Pedro. Esta edificación contaba con una guardia de retén permanente de apenas cuatro o cinco hombres. Ocupada por un cuerpo de Voluntarios Realistas de Xàbia hasta 1833, fue luego reemplazada por fuerzas de la Milicia Urbana local. El fondeadero calpino, de poca relevancia comercial, tenía una importancia estratégica en el ámbito militar.

El deterioro de las murallas de la villa suponía un serio inconveniente para organizar un sistema defensivo frente a las incursiones por mar. La proximidad de Benissa y de otras poblaciones al enclave calpino motivó la necesidad de financiar su reparación ante las tentativas carlistas. La importancia estratégica del lugar fue reconocida: «Calpe puede admitir en su recinto, caso necesario, unos sujetos comprometidos que se refugien, y su inmediación al mar proporcionar mayores ventajas».[5] Los fondos procedentes de contribuciones voluntarias de los vecinos del partido se destinaron así a la restauración de los muros.

En el resto de la orilla calpina subsistían algunos elementos defensivos, en ruina desde la Guerra de la Independencia: el baluarte de la Calalga y la torre del Mascarat. La franja litoral presentaba en su centro el peñón de Ifach, macizo montañoso entre playas desoladas, donde existían cuevas y pequeñas calas utilizadas para esconder y descargar productos de contrabando.

---

5   AHCOG, Recomposición murallas de Calp, Caja 2, Ficha 95.

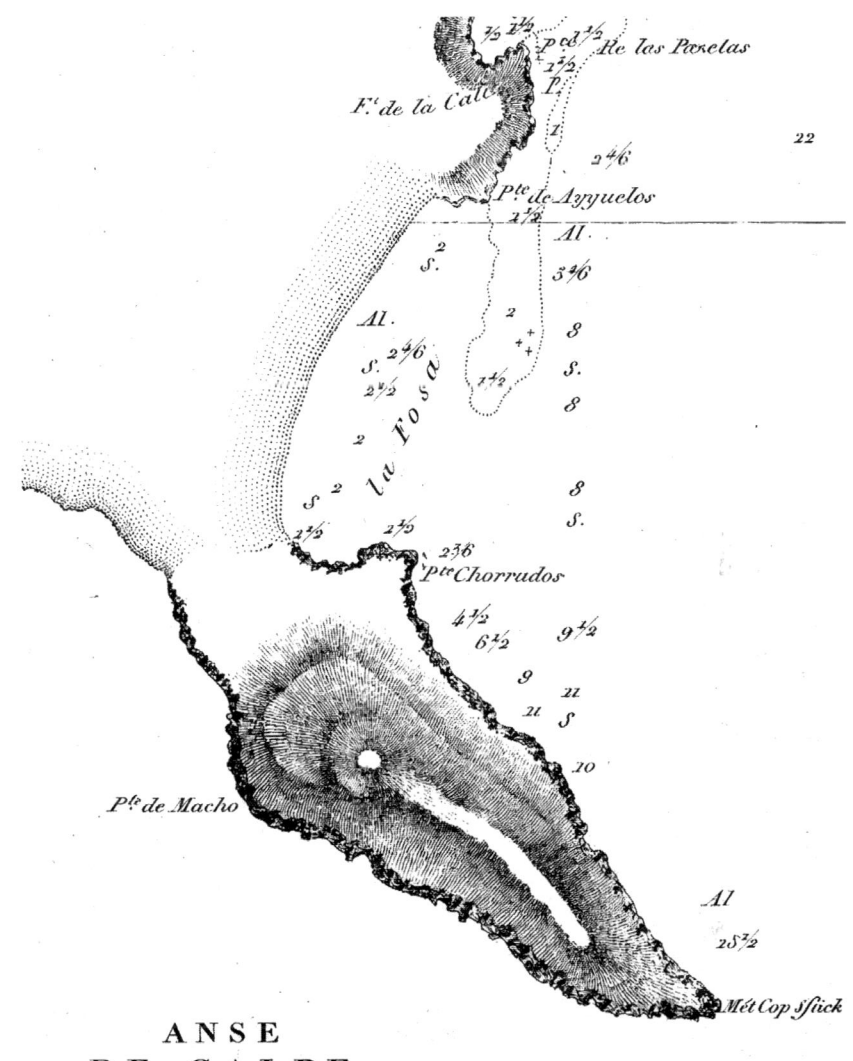

A N S E
DE CALPE
Partie Orientale.

Le Mille Cap Ifeck est par 38° 37'30'' de Latit. N.
et par 3°15'50'' Longitude Occident. de Paris.
N: Les Chiffres des Sondes expriment des Brasses Françaises.

Un demi Mille Marin.

Detalle de la carta naútica de la bahía oeste de Calp, Peñón de Ifach.
Maseille. Maistre, *hidrographe, editeur*, 1859.
Fuente: https://bvpb.mcu.es/

2. Sombras genovesas

En este paraje se produjo una operación de desembarco documentada. En mayo de 1840, el juzgado de Alicante dictó orden de busca y captura contra «Bautista Constantini (a) El Genovés, vecino de Calpe, por complicidad en alijos de géneros de contrabando verificado en dicha villa y punto denominado Ifach».[6] En aquellos años, Juan Bautista era dueño de una casa de pequeñas dimensiones junto al mar, en la punta Chorrados, al pie de la roca.

Su hijo, Francisco Constantini, aparecería implicado pocos años más tarde en un delito más grave. En diciembre de 1843, una orden del gobernador de Dénia dispuso su detención en ese puerto antes de embarcar, junto al padre Miguel Pastor y Juan Narbó (a) Paquero, como cómplices «del criminal asesinato cometido en la persona de Francisco Zaragoza, alcalde constitucional de Calpe».[7]

Las elecciones de junio de 1843 habían llevado a la alcaldía a Francisco Zaragoza Jorro, de sesenta y dos años, natural de Altea y de oficio escribano, que ya desempeñó el puesto en 1837. Su corporación, integrada por regidores de signo progresista, representaba la línea monárquico-liberal en un momento de fuerte polarización política en toda la nación. Las actas de 1843 muestran a una corporación fiel al liberalismo isabelino. El ayuntamiento consignó partidas para las celebraciones por la mayoría de edad de Isabel II y para la reparación de las armas de la Milicia Nacional, verdadero emblema del ideario progresista.

Aquella milicia, símbolo del orden liberal, sería disuelta un año después con la creación de la Guardia Civil, que vino a reemplazarla y a restablecer la autoridad del Estado en el medio rural.

Según el testimonio de un descendiente directo del alcalde asesinado, los hechos ocurrieron al atardecer del 16 de diciembre de 1843, en una casa del pueblo. Los agresores lograron huir.

---

6   BOPA, 3 de mayo de 1840.

7   AHMD, Caja 11, Seguridad Pública, 7 de enero de 1844.

Las versiones orales recogidas en la localidad identificaban a los atacantes como «los genoveses».[8]

Resulta significativo, desde el punto de vista social y político, que el asesinato del alcalde constitucional de Calp en 1843 se produjera en la puerta de la casa de un familiar suyo, el abogado José Zaragoza Benimeli. Pocos meses después, José fue detenido y encarcelado por contrabando según documentación oficial. Este hecho coincidió en un período de endurecimiento del control provincial sobre el uso de armas y las actividades ilícitas en zonas costeras.[9] No existió prueba directa que permitiera vincular ambos episodios; pero la proximidad temporal, la reiteración de apellidos y la persistencia del comercio clandestino en el trasfondo contribuyeron a dibujar un clima de confrontación política y judicial especialmente tenso. Las medidas posteriores, adoptadas sobre los bienes del abogado encarcelado, pueden interpretarse menos como un simple trámite administrativo que como la prolongación de una pugna no resuelta.

Los tres presuntos criminales del alcalde progresista lograron refugiarse en tierras argelinas. Juan Narbó, marinero, era cuñado de Francisco Constantini. Se había casado en Calp con su hermana Serafina pocos años antes. Ambos se establecieron en Mers-el-Kébir, donde la esposa falleció en noviembre de 1849, a los veintiséis años.

Una noticia publicada en Argel un mes después, el 25 de diciembre de 1849, arroja luz sobre el destino de uno de los implicados en el asesinato del alcalde de Calp.[10] Bajo la apariencia de una crónica eclesiástica —la instalación del nuevo párroco de

---

8   Testimonio oral de Antonia Pastor Zaragoza, en entrevista de mayo de 1994. Según su versión, el alguacil avisó de una disputa en una casa del pueblo. Zaragoza acudió de inmediato, acompañado de un niño. Al llegar, encontró el portón cerrado y golpeó la puerta exigiendo que se abriera «inmediatamente a la autoridad». Desde el interior respondieron unas descargas de trabuco que acabaron con la vida de ambos.

9   BOPA, n.º 287, 2 de abril de 1846.

10   *La España*, n.º 535, 6 de enero de 1850, p.3.

Hussein-Dey—, el artículo menciona a Miguel Pastor, escolapio natural de Calp, que tras los hechos de 1843 había huido a Argelia. Allí, protegido por el obispo monseñor Pavy, ejercía como sacerdote al servicio de la colonia española. Pastor había logrado ganarse la confianza del prelado y de una comunidad compuesta por valencianos, andaluces y catalanes establecidos en las huertas próximas a Argel.

Vista del puerto de Orán, sin fecha, segunda mitad del s. XIX.
Fuente: Colección Bridgeman.

Sin embargo, las noticias que llegaban desde España alteraron pronto su situación. Algunos vecinos emigrados, conocedores del crimen de Calp, advirtieron al obispado de que aquel religioso era el mismo a quien la justicia española había procesado por su participación en el asesinato de Zaragoza. Ante la gravedad de la acusación, el obispo solicitó la sentencia al vicecónsul español en Alicante; esta confirmó lo que se temía: dos de los acusados habían sido ajusticiados en el garrote vil y el propio Pastor, condenado a diez años de presidio. El obispo actuó de inmediato. Miguel Pastor fue destituido por el vicario de Orán.

Tenemos constancia de que el juzgado de Callosa d'en Sarrià continuó instando en esos meses la detención de Constantini y Narbó. Francisco vivía entonces en Orán con su mujer, Josefa Galbó, y sus hijos.

Estos hechos permiten esbozar algunas hipótesis sobre el entorno social y las posibles afinidades de la familia Constantini. No hay pruebas de una militancia política definida, pero ciertos indicios —el perfil de los implicados, las circunstancias del crimen, la reacción frente al poder municipal— sugieren una sensibilidad próxima al mundo tradicionalista, más ligada a la costumbre y al orden heredado que a las ideas del nuevo régimen liberal. Tal postura no derivaría tanto de una convicción ideológica como de un reflejo natural de defensa ante los cambios que afectaban a la vida económica y al equilibrio local.

Tampoco puede descartarse que en el fondo de aquellos sucesos latieran conflictos ajenos a la política: rivalidades personales, deudas, disputas por el control del comercio. En comunidades pequeñas, los límites entre lo económico y lo ideológico eran difusos.

Ese trasfondo de conflictos no era nuevo en la villa. El sumario inquisitorial abierto en 1802 contra el abogado Antonio Pérez[11] permite entrever con notable claridad el grado de división y enfrentamiento existente en una población como Calp a comienzos del siglo XIX. Lejos de tratarse solo de un conflicto doctrinal o religioso, el proceso revela la existencia de facciones locales muy enconadas, articuladas en torno a intereses económicos, rivalidades personales y causas judiciales relacionadas con el contrabando.

La propia génesis de la causa resulta reveladora. La delación que activa el procedimiento parte, entre otros, del escribano José Zaragoza, tío del alcalde asesinado. Este funcionario fue encarcelado en Alicante por delitos de contrabando tras haber sido denunciado y procesado por intervención directa del propio Pérez. El tribunal reconoció que buena parte de los testimonios nacían del resentimiento, del odio y de la voluntad de venganza entre

---

11   AHN, Inquisición, leg. 3.730, exp. 213.

partidos enfrentados, en una villa que los propios instructores describían como «dividida en facciones que se han despedazado entre sí», donde religión, justicia y control económico se utilizaban como instrumentos de una lucha local persistente.

Este clima de confrontación estructural, lejos de constituir un episodio aislado, parece formar parte del sustrato social de la villa y ayuda a comprender que, décadas más tarde, los conflictos y tensiones en torno a familias como los Constantini se desarrollaran todavía sobre un terreno marcado por divisiones internas, lealtades irreconciliables y economías situadas en los márgenes del orden legal.

Lo que puede afirmarse con certeza es que, tras el crimen, los protagonistas emprendieron la huida hacia Argelia y esa fuga marcó un punto de inflexión en la historia familiar. Desde entonces, el mar dejó de ser solo un medio de subsistencia para convertirse en el espacio donde buscaban continuidad y amparo quienes habían quedado fuera del orden del tiempo.

3. Un negocio singular

Una escritura notarial, otorgada en el pueblo de Pego el 6 de marzo de 1847, plantea más incógnitas que certezas para nuestro estudio.[12] Ante el escribano Juan Ferrando comparecieron ese día José Feliu Sala, alcalde de Benissa, propietario, uno de los principales personajes políticos de la comarca, y Juan Bautista Constantini. En ese acto, el marino reconocía deber al hacendado sesenta mil reales, suma que, según el documento, el alcalde le habría entregado «de manera graciosa» dos años antes, sin intereses ni firma de documento. Ante el escribano, el deudor se obligaba a hipotecar todos sus bienes rústicos y urbanos de Calp para garantizar el pago de esta cantidad.[13]

---

12   AMP, protocolos notariales, Juan Ferrando, 15 de marzo de 1847.

13   Juan Bautista Constantini hipotecó en ese acto algunas fincas rústicas en las partidas del Barranc Salat, Salines y Senies (con una noria); dos casas en el pueblo, en la calle del Olmo, y una pieza de tierra en la partida de Ifach (con una casita).

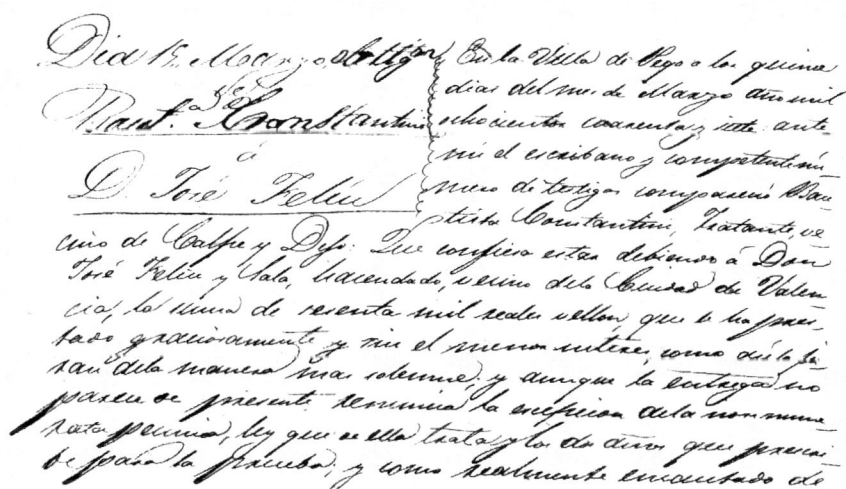

Encabezamiento de la escritura notarial entre Bautista Constantini y José Feliu Sala, marzo de 1847. Fuente: AMP.

Nada en la operación resulta verosímil si se interpreta como un préstamo ordinario en sentido estricto. La cláusula de *non numerata pecunia*, que permitía reconocer una deuda sin acreditar la entrega del dinero, parece indicar que la escritura pretendía dar forma legal a una situación previa no documentada. Su objetivo podría haber sido fijar una garantía o cerrar un compromiso de naturaleza económica cuya causa no se expresa.

No se descarta que el acuerdo tuviera relación con las actividades de Constantini y con la situación general del litoral tras los sucesos de 1843. Aquellos años fueron de especial vigilancia costera, con una creciente represión del contrabando y una reorganización del poder local. Feliu, como alcalde y diputado en ciernes, representaba el orden establecido; Constantini, el representante incierto de quienes dependían del mar y sus rutas.

La escritura podría entenderse como una medida de seguridad por parte del acreedor, interesado en regularizar un asunto pendiente. El documento no explica la causa, pero deja ver una relación desigual, en la que el poderoso fija los términos y el otro los acata. A falta de nuevas pruebas, solo cabe leer este episodio como el reflejo de un ajuste económico en la frontera entre lo legal y lo clandestino. Más que un préstamo, fue el cierre de un trato en el que la escritura notarial sustituyó al acuerdo tácito y al silencio.

Este negocio resulta anómalo dentro de la operativa del terrateniente. El gran propietario no acostumbraba a conceder préstamos, y menos sin garantía. No hemos encontrado operaciones de este tipo en contratos suscritos por el hacendado en otras escribanías; acaso un par de ejemplos de reconocimiento de pequeñas deudas. El interesado era un hombre que vivía de las influencias del poder y de garantizarse seguras rentas.

Este personaje nació en Benissa el 10 de octubre de 1795. Era primogénito de Juan Bautista Feliu Torres y de María de las Nieves Sala, pegolina e hija de Pedro Pascual Sala Bañuls, uno de los mayores contribuyentes de la provincia. Los abuelos de ambos habían obtenido años antes la ejecutoria de nobleza, consolidando así la posición hidalga de la familia.

José enviudó joven y se casó de nuevo en 1825 con María Consolación Rodríguez de la Encina y Císcar, nieta del ilustrado Gabriel Císcar y del virrey Félix Berenguer de Marquina. Esta unión lo situó en una posición de prestigio y proyección política. Viudo de nuevo, afianzó su posición adoptando el apellido Marquina, apropiándose del lustre de su nueva parentela. Con ello, consolidaba un triángulo de poder entre Benissa, Oliva y Pego, extendiendo su influencia política en la comarca.

Había sido alcalde constitucional de Benissa durante el período progresista, pero el triunfo moderado lo condujo a sus cuarteles de invierno en Valencia y Pego. En aquellos años, el prócer preparaba su salto a la política nacional como diputado, enfrentándose a los representantes conservadores de su distrito. Por ello, el acuerdo de cierre con Constantini puede interpretarse como una medida de prevención o un ajuste estratégico ante la intensificación de las campañas de control costero por parte del gobierno.

El hacendado benissero se encontraba inmerso en la pugna entre los dos personajes de mayor peso político de la comarca: el conservador Juan Bautista Thous Carreras (1815-1889) y el liberal *ad hoc* Joaquín Orduña Feliu (1819-1897). Ambos ostentaban un poder omnímodo y delegado en la representación partidista de cada población. Joaquín Orduña, el segundo de ellos, era a la sazón cuñado del propio José Feliu Sala.

Feliu era el principal tenedor de las fincas rústicas de Calp. Entre ellas, destacaba la Casa Nova, una gran heredad de secano que poseía una antigua casa fortaleza situada sobre un cerro. La memoria popular conserva testimonios que hablan de sus bodegas y pasadizos, lugares que habrían sido destinados al almacenamiento de géneros de contrabando. En este punto, la realidad y la leyenda se confunden al evocar la existencia de un túnel subterráneo que, según la creencia popular, conducía desde la masía hasta la línea de mar.

Masía de la Casa Nova en Calp (s. XVII), propiedad histórica de la familia Feliu de Benissa. Fuente: Andrés Ortolá Tomás.

Tras los sucesos de 1843, la familia Constantini quedó reducida en Calp a su patriarca, Juan Bautista, y a su mujer e hijas. Desconocemos en qué momento exacto Nicolás abandonó la villa, pero todo hace pensar que debió de hacerlo siguiendo el camino de su hermano. En esos años, el contrabando seguía siendo una actividad intensa en toda la Marina.

La reorganización de los resguardos marítimos y de las aduanas no logró frenarlo; al contrario, lo profesionalizó. Las rutas desde Gibraltar y Orán se mantenían activas, y en todos los derroteros del sur seguían operando embarcaciones dedicadas al transporte clandestino. Las conexiones familiares, los contactos comerciales y el conocimiento del mar permitían a los marinos integrarse fácilmente en esas redes.

La marcha de Nicolás debió de producirse en el medio de una costa que vivía del intercambio constante con la otra orilla del Mediterráneo. Argelia ofrecía trabajo, vínculos comerciales y una comunidad de emigrantes alicantinos ya consolidada. Más que una huida o un destierro, el traslado del marino fue una iniciación natural del oficio y de las relaciones marítimas de su entorno.

Desde aquí, el relato de Constantini se desplaza hacia ese nuevo escenario. Para comprenderlo, será necesario observar cómo funcionaban los circuitos del contrabando en la primera mitad del siglo XIX, marco en el que se inscribe el siguiente apartado: su estructura, sus protagonistas y el papel que desempeñaron los hombres de la comarca de la Marina en ese sistema económico paralelo.

CAPÍTULO II

EL CONTRABANDO EN EL LITORAL SUR ESPAÑOL EN LA PRIMERA MITAD DEL SIGLO XIX

La costa en la que nació Constantini formaba parte de un corredor comercial donde la legalidad y el fraude convivían. La cercanía de Gibraltar y de los enclaves norteafricanos explica en buena medida este escenario. Ocupada por fuerzas anglo-holandesas en 1704 y cedida en 1713, la colonia británica se convirtió en puerto franco y en un gran depósito de manufacturas destinadas al Mediterráneo. Hacia 1830 seguía moviendo más de un millón de libras en mercancías (Montgomery Martin, 1837: 106-109).

Gibraltar, con el HMS Trafalgar anclado, un barco contrabandista español y el vapor Oberon, 26 de agosto de 1851.
Fuente: Royal Museums Greenwich, London.

Este flujo se completaba con la participación de Marruecos y Argelia, que ofrecían rutas alternativas para introducir géneros británicos bajo apariencia de tráfico de cabotaje. Las autoridades locales del Magreb, dispuestas a acuerdos tácitos, permitían la operación de faluchos que omitían el registro de su carga de retorno. No se trataba de un fenómeno marginal. Formaba parte del paisaje marítimo cotidiano que conocieron generaciones enteras de marineros levantinos. Vilar Ramírez (1989: 143-144) describe cómo embarcaciones procedentes de Mers-el-Kébir escondían artículos británicos destinados a España. El tabaco, por su alta cotización y fácil colocación, se convirtió en el producto preferente. Las quince horas de navegación entre Orán y las costas alicantinas permitían presentar este tráfico como comercio reglamentario.

El condicionamiento político y fiscal español contribuyó de forma decisiva a la consolidación de este sistema paralelo. Las medidas restrictivas, adoptadas desde Carlos III para evitar la entrada de artículos estancados o prohibidos, incentivaron el comercio ilegal que se desarrollaba en las zonas costeras valencianas. Tras 1833, la liberalización política alimentó una pugna ideológica; los proteccionistas —industriales catalanes, metalúrgicos vascos y la Administración— defendían las barreras arancelarias; los librecambistas —cerealistas castellanos, vinateros andaluces, empresarios mineros— denunciaban que esas políticas encarecían los productos y favorecían la defraudación.

Gran Bretaña, potencia industrial indiscutible, defendía la libertad de comercio y se erigía en protectora de sus barcos. Los contrabandistas que navegaban bajo pabellón británico, como ocurriría en el entorno de los Constantini, solo podían ser detenidos en aguas territoriales españolas; cualquier actuación fuera de ellas generaba protestas diplomáticas. Esta protección exterior reforzaba el comercio clandestino y ponía al gobierno español en una posición difícil. El tabaco, género preferido de las redes levantinas, se convirtió en el núcleo del conflicto económico. En 1841, Lord Palmerston sintetizó la postura británica al afirmar que los aranceles españoles perjudicaban a la propia economía del país. Según el canciller, estas políticas empujaban a decenas de miles de hombres hacia actividades ilícitas o a funciones aduaneras que, de hecho, facilitaban la evasión fiscal.

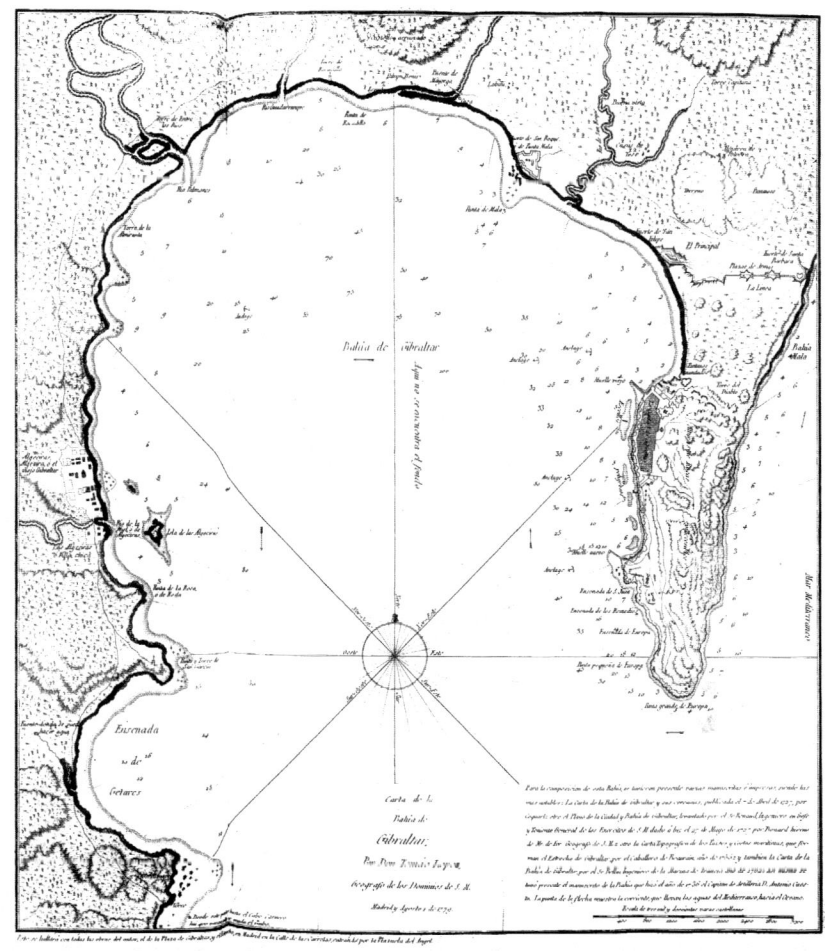

Carta de la bahía de Gibraltar de Tomás López. Año 1779.
Fuente: https://bvpb.mcu.es/

La descripción encajaba bien con la realidad de poblaciones como Calp, donde la pobreza estructural hacía del fraude una práctica corriente.

Durante el resto del siglo XIX, el proteccionismo encontró apoyo en los partidos moderado y conservador; el librecambismo, en progresistas y demócratas, con simpatía hacia el modelo británico. A pesar de los avances técnicos —ferrocarriles, mejoras portuarias, telégrafo, banca— la modernización llegó tarde y mal a la costa oriental. El atraso agrario y la concentración de la propiedad mantuvieron intactas las condiciones que alimentaban el contrabando.

1. Controlar la supervivencia

La caída del Antiguo Régimen no alteró de manera sustancial la estructura social de la comarca de la Marina, especialmente en sus sectores costeros. Las capas populares siguieron sometidas a la precariedad y el crecimiento demográfico no trajo oportunidades reales. Jornaleros sin tierra emigraban a África o se incorporaban a actividades paralelas, mientras las élites rurales consolidaban su influencia, envueltas en rivalidades políticas y personales.

El contrabando proporcionaba ingresos superiores a los jornales y era visto como una prolongación natural del trabajo marítimo. Cuadrillas organizadas por autoridades locales, escribanos o armadores controlaban desembarcos y transportes. Las tensiones internas generaban delaciones, ajustes de cuentas y sanciones frecuentes.

Las observaciones de Cavanilles tras su visita en 1792 ilustran bien esta situación. La agricultura de baja productividad, escasos excedentes, suelo árido y edificaciones pobres reflejaban un mundo económico agotado que empujaba a la población hacia la pesca y el comercio ilícito. Madoz confirmaría medio siglo después que las calas mal resguardadas y la orografía abrupta facilitaban el tráfico clandestino. En Benidorm, la numerosa matrícula de mar se empleaba en servicios de guardacostas, prueba indirecta de la magnitud del fenómeno.

Durante el primer tercio del siglo XIX, la guardia costera fue insuficiente. Las torres y fortificaciones permanecían en ruina y deterioro tras la Guerra de la Independencia. La represión del contrabando siguió recayendo casi exclusivamente en el Ejército. La Primera Guerra Carlista incrementó la actividad clandestina. El recién creado Cuerpo de Carabineros tuvo que coordinarse con fuerzas militares y con milicias locales para impedir desembarcos de armas y víveres. Mientras puertos como Dénia y Xàbia contaban con guarniciones, las radas del sur permanecieron desprotegidas, lo que explica la facilidad con la que operaban las embarcaciones menores en la Marina.

El caso del *Raguseo*, que en mayo de 1836 desembarcó trigo de Odessa en varios puertos —incluido Calp— en pleno día y con la escolta de la Guardia Nacional, llevó al Gobierno Civil a exigir sanciones contra autoridades y milicianos implicados.[14] Las denuncias de falta de acción municipal y la organización irregular de compañías de tiradores encargadas del control costero muestran un sistema defensivo débil, fácil de burlar por redes bien estructuradas. Este entramado —economía precaria, contrabando estructural, vigilancia insuficiente y rutas abiertas entre la Marina y Orán— constituye el trasfondo material del que surgió Colau y explica buena parte de su trayectoria posterior.

2. Un sistema clandestino organizado

Las ganancias obtenidas por el contrabando eran lo bastante elevadas para movilizar a una amplia red de individuos y grupos. Beneficiaban a los contrabandistas, a comerciantes y consumidores que accedían a productos a precios muy inferiores a los oficiales. El lucro justificaba los riesgos y aseguraba la continuidad del tráfico. En toda la región, el mercado negro —en sentido amplio— respondía a la elevada demanda de productos gravados o prohibidos —tabaco, alcohol, textiles, manufacturas y artículos

---

14   BOPA, n.º 223, 18 de mayo de 1836.

de lujo— que, en muchos casos, se ofrecían a mitad del precio oficial.

La corrupción administrativa era un elemento esencial del sistema. Sobornos y complicidades a distintos niveles permitían que las operaciones ilícitas se desarrollaran con escasa resistencia. Las ganancias se repartían entre contrabandistas y funcionarios, consolidando una red compleja y difícil de desmantelar, de plena vigencia en los pueblos marítimos.

En abril de 1803, el vicecónsul de Gibraltar advirtió al secretario de Estado Pedro Cevallos del gran volumen de géneros ocultos entre cargamentos de trigo y cebada procedentes del norte de África. Señalaba la existencia de pactos entre traficantes y guardas costeros, y afirmaba que «los empleados de las torres y castillos que debían impedir los desembarcos son los mismos que los auxilian y protegen mediante convenios anticipados, recibiendo tres pesos fuertes por cada quintal de tabaco».[15]

Detalle de la firma de un informe del vicecónsul de S.M. en Gibraltar Pedro Cevallos, 1803. Fuente: AHN.

---

15   AHN, Estado, leg, 8.295. Informe del vicecónsul de S.M. en Gibraltar a Pedro Cevallos, secretario de Estado, de 14 de abril de 1803.

La captura y subasta de embarcaciones resultaba frecuente, y muchas naves cambiaban de pabellón y matrícula tras ser decomisadas. La variedad de barcos empleados era notable: místicos entre 19 y 50 toneladas, barcas de hasta 15 Tm para pesca y transporte ligero, jabeques, falúas, faluchos y laúdes de entre 3 y 45 Tm, junto a goletas de dos palos apreciadas por su maniobrabilidad y capacidad. Estas unidades rápidas y flexibles coinciden con el tipo de embarcaciones que operaban décadas más tarde entre la comarca de la Marina y Orán.

El contrabando procedente de Gibraltar se distinguió por la diversidad de géneros y la amplitud de sus redes. El artículo más relevante fue el tabaco —en especial el «de humo» brasileño—, cuyo margen de beneficio era excepcional. En 1803, una libra costaba 40 reales en los estancos reales, mientras que en Gibraltar podía adquirirse por 3 reales y revenderse en el mercado negro en torno a 20. Junto al tabaco circulaban tejidos de algodón y manufacturas de lujo (estofas de oro y plata, muselinas, lana fina, tafetanes), además de productos coloniales como canela de Ceilán, clavo, pimienta, azúcar, cacao, café, añil, algodón en rama, cueros y palo de tinte.[16] En tiempos de guerra, estas redes incorporaban también armas, añadiendo un riesgo estratégico al tráfico.

Estas operaciones empleaban rutas terrestres y marítimas, adaptándose a la vigilancia del momento. Por tierra, La Línea de la Concepción era fundamental, pues permitía el paso de individuos con permisos temporales que entraban en Gibraltar con dinero oculto y regresaban con mercancía sin inspección efectiva. Por mar, la operativa era más sofisticada. Embarcaciones inglesas, sardas, genovesas o españolas navegaban de noche, a menudo pintadas de negro para evitar ser detectadas, y cuando aumentaba la vigilancia se recurría al transbordo en alta mar. Las mercancías pasaban de barcos nodriza a pequeñas embarca-

---

16   AH, Estado, leg. 8.295. Informe del vicecónsul de S.M. en Gibraltar de 4 de agosto de 1803.

ciones encargadas de introducirlas en calas discretas de la zona costera española.

Los puertos del norte de África —en especial Orán y los puertos tunecinos— actuaban como centros de depósito y redistribución. Tabaco y algodón, apenas demandados en origen, se almacenaban allí como productos en tránsito antes de su reembarque hacia España. Estas rutas, que más tarde se entrelazarían con el itinerario vital de los Constantini, evidencian la intensa conexión marítima entre la Marina y Argelia.

Los desembarcos en tierra española seguían un método clásico bien asentado en las poblaciones de destino. Bandas armadas de contrabandistas tomaban el control de la playa mientras los ocupantes de los buques menores efectuaban la descarga. Las refriegas con las tropas de guardia eran frecuentes, y no resultaba inusual que las bandas, en algunos casos, superasen el centenar de hombres. Estas operaciones se planificaban con información precisa sobre la ubicación del resguardo, y se apoyaban en tácticas de distracción —tumultos en otros puntos, señales luminosas falsas— para forzar la dispersión de la vigilancia.

Una vez en tierra, los géneros se transportaban en recuas de caballerías hacia el interior. El comercio ilegal contaba con un amplio apoyo social que incluía la complicidad de alcaldes, funcionarios y carabineros. En muchos pueblos costeros, algunas viviendas se transformaron en centros de depósito y distribución, mientras las *Cases de la Por*, aisladas y rodeadas de supersticiones, servían como almacenes ocasionales.

La incursión en playa continuó hasta que el refuerzo de la guardia costera obligó a adoptar tácticas más elaboradas. El tráfico se integró entonces en las operaciones aduaneras; de esta forma, se manipulaban libros contables, se mezclaban mercancías legales con ilegales, se recurría a certificados falsos, a fingidas averías o al pretexto de buscar abrigo ante un temporal para fondear y descargar con discreción.

Contrabandistas, Morland, George; Ward, James Smith, John Raphael, 1793. Fuente: National Maritime Museum, Greenwich, London.

Incluso cuando una partida era confiscada, los contrabandistas podían recuperar parte de sus pérdidas mediante acuerdos con empleados aduaneros. La introducción de buques de vapor con compartimentos ocultos añadió una dimensión nueva y dificultó aún más su interceptación.

3. Evidencias documentales del tráfico ilícito

La firma de la Paz de Amiens (25 de marzo de 1802) puso fin a la intervención británica directa en la interceptación de contrabandistas españoles en el Mediterráneo. Poco después, el comandante Charles Barnhill informaba de diez buques apresados por la Royal Navy o por embarcaciones corsarias desde 1801, entre ellos goletas, jabeques, laúdes, faluchos y bous dedicados al tráfico ilícito.[17]

En 1835, el cónsul de España en Gibraltar, José María Barrero, advertía al secretario de Estado de un «enorme contrabando de ropas, algodón y cigarros» que vaciaba los depósitos de la colonia y se realizaba «con una facilidad y seguridad» que contrastaban con la ausencia de aprehensiones.[18] En 1841, su sucesor Valentín Llanos remitió un informe confidencial al general Espartero en el que detallaba buques, pabellones, tripulaciones y armamento, y señalaba que varios barcos ingleses —como *La Jacinta, El Napoleón o El Voluntario*— estaban armados con cañones de grueso calibre y tripulados por genoveses y españoles matriculados, junto a embarcaciones menores de matrículas como Mataró, Benidorm o el Grao de Valencia.[19]

Un informe reservado de diciembre de 1845 mencionaba operaciones contrabandistas en las intendencias de Valencia y Alicante, destacando el laúd *Rosita*, matrícula de Benidorm, equipado con tres cañones giratorios y enfrentado al guardacostas

---

17   AHN, Estado, leg. 8.295.

18   AHN, Estado, leg. 8.307, n.º 179.

19   AHN, Estado, leg. 8.311, n,º 8. «Con pabellón inglés y aparejado de falucho son *La Jacinta* con 5 cañones, El *Napoleón* con 4 cañones y *El Voluntario* (Toscano) con 3 cañones de grueso calibre todos, con sus correspondientes armas blancas y de fuego, de porte desde 50 a 70 toneladas, tripulados con 10 a 12 hombres cada uno, despachados por esta Capitanía del Puerto con una boleta o patente de sanidad a cada uno, como pasajeros, sin más pasaporte ni otro documento. Además, hay *El Meteoro* (portugués), *El Avion, El Vigilante, El Triunfante, Flor de Mayo (a) Delfino, La Rosita* y otros que aún no me ha sido posible saber sus nombres, la mayor parte de ellos con bandera inglesa. Estos llevan 2 y 3 cañones de 6 a 8 de calibre, y armas de ambas clases. Están tripulados con 7 hombres unos y otros con 10; pero siempre llevan hasta 20 o 24, tomando cada individuo que no pertenece a la dotación del buque su patente de sanidad como pasajero. Hay también con bandera española 5 o 6 faluchos grandes, armados cada uno con 4 y 5 cañones de grueso calibre, pertenecientes a las matrículas de Mataró, Benidorm y el Grao de Valencia, de donde vienen habilitados con sus correspondientes roles de navegación y tripulados por 12 y 18 hombres, llevando como los demás buques hasta 40 o 50 con patentes de esta Capitanía del Puerto».

Saeta tras un alijo, junto a otros laúdes y la balandra inglesa *Heron*.[20]

La extensión del fenómeno motivó la creación en tierra de la Columna de Operaciones de la Costa, con sede en Benidorm y dirigida por Felipe Dolsa, dedicada al control de desembarcos. Esta fuerza estaba compuesta por el Regimiento de Infantería de Almansa y el de Caballería de Montesa.[21] En marzo de 1845, la alcaldía de Calp informó a esta columna de un falucho sospechoso —el *Amet*— que merodeaba su playa. La detención previa de varios consignatarios locales frustró la operación y provocó una sublevación de parte de la tripulación, que abandonó el buque tras exigir una onza por cabeza; el barco puso rumbo a Orán.

En mayo de 1845, el capitán Dolsa informaba al intendente de rentas de la provincia sobre el éxito de las actuaciones, afirmando haber hecho uso «de la autoridad que he recibido para atajar el contrabando, vicio tan arraigado en este pueblo, y cuyo objeto creo haber conseguido». El mando se refiere en concreto al tráfico clandestino de Benidorm, aunque las competencias de su fuerza se extendían a toda la línea marítima de las poblaciones vecinas.

---

20   AHN, Estado, leg, 8.312, n.º 351. Informe del cónsul Antonio Stéfani, de 1 de diciembre de 1845. *Consulado de España en Gibraltar, comunicaciones reservadas sobre contrabando* (1845). El expediente recoge una secuencia continua de avisos consulares dirigidos a autoridades civiles y militares entre septiembre y noviembre de 1845, relativos a operaciones de contrabando marítimo en el litoral andaluz y levantino. En ellos se mencionan de forma reiterada diversos buques implicados en dichas actividades, entre otros los laúdes *San José* (alias *Rosita*), *Dos Hermanos*, *Desamparado* y *García de San José*; los faluchos *Pepino*, *San Calisto* y *La Morena*; las barcas del *Cardenal*, de Ambrosio y de Ramón; la balandra inglesa *Heron*; y los buques británicos *North Star* (*Estrella del Norte*) y el bergantín-goleta capitaneado por Simón el Mahonés. El conjunto permite reconstruir redes, rutas, reincidencias y estrategias de carga, alijo y evasión frente al resguardo marítimo.

21   AHDPA, leg, 17.172/1.

Detalle de la comunicación del capitán Felipe Dolsa al intendente de
rentas de la provincia, 1845. Fuente: AHDPA.

En 1846, la prensa recogía una actuación del cuerpo de carabineros en Ifach. Alertados por sospechas de alijos, descubrieron
en la cala del Saladar una cueva invisible desde mar y tierra con
102 bultos de cigarros. Tras tres noches de vigilancia, el sargento
José Ortega y sus hombres lograron apoderarse de toda la partida, más de cinco mil libras útiles.[22]

4. La respuesta del Estado

El término «resguardo» designaba a los cuerpos encargados por
el Estado de impedir la introducción de géneros ocultos y garantizar el pago de los derechos de aduana. Podía adoptar formas
marítimas o terrestres, de infantería o caballería, con naturaleza
civil, militar o mixta, pero en todos los casos constituía la primera línea de defensa frente al contrabando. En España, el resguardo pasó por fases civiles y militares hasta consolidar, en 1842, su

---

22   *La Posdata*, n.º 1.215, 20 de enero de 1846.

naturaleza castrense. Recibió distintas denominaciones —Resguardo de la Real Hacienda, Resguardo Nacional, Carabineros de la Real Hacienda, Guardacostas y Fronteras de la Hacienda Pública— hasta quedar fijado como Carabineros del Reino; para la población eran, simplemente, «los guardas».

Carabineros de la Real Hacienda. José Honorato Lozano, 1847.
Fuente: Biblioteca Nacional de España.

La represión del tráfico ilícito en el litoral sur de la Marina combinó la fuerza militar con el empleo de corsarios, civiles armados y autorizados mediante patentes. Como recuerda Amillo Alegre (2012), todos los hombres de mar eran considerados militares y movilizables, lo que proporcionaba una reserva constante de personal experto. El corso ofrecía a los gobiernos una forma de guerra económica y de desgaste; los corsarios se financiaban con los bienes capturados y actuaban bajo patente que fijaba objetivos, áreas de acción y reparto de beneficios.

Un ejemplo significativo es la captura, en 1839, del barco inglés *El Terrible*[23] por el capitán Gaspar Ortuño, de Benidorm, al mando del guardacostas *Plutón*, de la empresa Ors y García.[24] Artillado con seis piezas de grueso calibre y sesenta y nueve hombres, el buque era descrito como «el terror de aquellas costas» por sus alijos de tabaco y algodón. Tras un combate de tres horas frente a Gandía, el capitán contrabandista y diez tripulantes resultaron muertos, y el propio Ortuño salió herido de metralla. La reina Isabel II premió la acción concediéndole el 75% del botín, reservando el 25% restante para el Estado.

La creación del Cuerpo de Carabineros supuso un punto de inflexión en la lucha contra el contrabando. Concebido como instituto militar en 1829, con definición formal del delito y la defraudación en 1830, se le dotó de competencias específicas y de una retribución adecuada. Su fundador fue el general José Ramón Rodil Galloso. En 1842 adoptó la denominación de Carabineros del Reino. Entre 1829 y 1833 su labor represiva fue muy intensa, aunque la Primera Guerra Carlista desvió luego efectivos hacia el frente cristino, favoreciendo un auge del comercio clandestino que se percibió como amenaza económica.

Desde mediados del siglo XVIII, España organizó el resguardo marítimo mediante buques guardacostas dependientes de Ha-

---

23   *El Correo nacional* (Madrid), 18 de octubre de 1839, p.4.

24   En toda la documentación histórica que manejamos, aparece el apellido como «Ors». Se trata de Miguel Orts García (1803-1883), piloto de Benidorm. En 1826, Orts fue autorizado por el Gobierno de Fernando VII para armar dos barcos con sus propios recursos y perseguir el contrabando, con los que logró capturar varios buques contrabandistas. Tras el éxito de estas acciones, fue autorizado para comandar una división de seis barcos, entre ellos una fragata con 28 cañones, en la lucha contra el tráfico ilícito y los corsarios argelinos. Resultó herido en distintos enfrentamientos. Por sus antecedentes liberales, fue elegido diputado a Cortes en 1843 y jugó un papel clave en la defensa de los estudios de Medicina en las universidades españolas. A lo largo de su vida, sufrió persecuciones políticas, prisión, destierro y la pérdida de su fortuna. Hombre de raigambre popular, ofreció un medio de vida a un gran número de vecinos que luego pasaron a graduarse en la Marina de Guerra. A través de su servicio de guardacostas atendió a sus subordinados y concedió pensiones a viudas, huérfanos y madres de los fallecidos (LLORCA BAUS, 1994: 61-67).

cienda, en estrecha relación con la Armada. Una Real Orden de 1802 integró estos buques en la Marina; otra, de 1805, devolvió el servicio a Hacienda. En 1829, el ministerio contrató al empresario Felipe Riera para organizar el resguardo con treinta embarcaciones armadas por él. Finalizado el contrato en 1833, la Marina retomó el control, aunque disposiciones posteriores fueron afinando el reparto de competencias entre Hacienda y Marina.

En 1838 se constituyó «Llano y Cía», encabezada por Ramón de Llano y Chávarri, que obtuvo la gestión de la renta del salitre, azufre y pólvora. En 1840, ya como «Llano, Ors y Compañía», con la incorporación del marino benidormí Miguel Orts García, amplió su radio de acción a la vigilancia de la línea costera valenciana y murciana, y terminó operando en veintinueve provincias desde Cabo de Creus hasta la desembocadura del Guadiana, incluidas Baleares y Pitiusas. La empresa, con un capital inicial de diez millones de reales, asumió también recaudaciones sobre aguardientes y licores.

Alarma contrabandista; Callcott, Augustus Wall, 1822.
Fuente: National Maritime Museum, Greenwich, London.

El contrato establecía que Hacienda entregaría los buques a la empresa, que adelantaba los fondos para su mantenimiento y el pago de tripulaciones —un millón de reales mensuales— y la adquisición de nuevos barcos, con inversiones superiores a los tres millones anuales. Las rentas de aduanas y tabaco constituían el núcleo de su negocio. Pronto surgieron sospechas de connivencia. Una comunicación reservada del cónsul Llanos (25 de enero de 1841) avisaba de expediciones contrabandistas que, según se decía, contaban con la protección del jefe de la flotilla de guardacostas, «un tal Ors», a cambio de cantidades «a vía de seguro».[25]

La eficacia del servicio de Benidorm fue debatida en el Congreso de los Diputados en 1841.[26] Un informe leído en sesión señalaba que la concesión a vecinos de un pueblo «notable en su propensión al contrabando» había generado desconfianza, y advertía del riesgo de convertir al encargado de la persecución en «contrabandista exclusivo», armado con las propias armas del Estado. La revolución de 1840 y el aumento de aranceles de 1841 redujeron de forma drástica los ingresos de aduanas y tabaco; la empresa, que había adelantado fuertes sumas esperando un premio sobre el aumento de las rentas, no logró recuperar sus inversiones y terminó en la ruina.

La Ley de Contrabando de 3 de mayo de 1830, con 207 artículos, configuró un sistema de incentivos y sanciones para combatir el comercio ilícito. Preveía premios para los denunciantes y establecía la obligación moral de denunciar para todos los españoles mayores de dieciocho años. Estanqueros, empleados de Hacienda, contrabandistas y colaboradores afrontaban penas que iban del destierro y la pérdida de empleo a multas, cárcel o reclusión en hospicios y casas de corrección. Las mercancías se decomisaban y se imponían multas del 25% del valor de los géneros; mujeres y menores eran enviados a hospicios por cuatro años, y la reincidencia podía suponer hasta ocho años de presidio en el norte de África.

---

25   AHN, Estado, leg, 8.311, n.°1.

26   Sesión de las Cortes Generales de 28 de junio de 1841. Diario de sesiones, n.° 80, p.1.670.

Los militares sorprendidos con género ilícito recibían sanciones menores, como un mes de calabozo, aunque las penas se agravaban si se trataba de cuadrillas armadas o de reincidentes. La Ley de 1852 precisó la tipificación y endureció las sanciones; la reforma de 1870 equiparó el contrabando a otros delitos contra la propiedad. A pesar de estas reformas, el trasfondo siguió siendo el mismo: la tensión entre una Hacienda necesitada de ingresos y un litoral donde el comercio paralelo se había convertido en parte estructural de la vida cotidiana.

En ese entramado técnico, económico y humano se formaron marinos capaces de asumir responsabilidades que desbordaban el simple transporte de mercancías. La participación de Nicolás Constantini en este tipo de actividades no puede entenderse únicamente como una adscripción oportunista a una economía ilícita extendida en la franja marítima. La dirección de embarcaciones de contrabando —algunas de ellas artilladas y dotadas de tripulaciones numerosas— implicaba competencias que iban mucho más allá de la pericia marinera básica. Exigía capacidad de mando, conocimiento de rutas, meteorología y fondeaderos, así como experiencia en la gestión de hombres armados sometidos a situaciones de riesgo constante y a una disciplina no siempre fácil de imponer.

El contrabando marítimo funcionó, en este sentido, como una auténtica escuela práctica de navegación y liderazgo. Los capitanes y responsables de estas operaciones debían coordinar movimientos nocturnos, organizar desembarcos complejos, mantener la cohesión de la tripulación y tomar decisiones rápidas ante la presencia de fuerzas de resguardo o buques enemigos. El manejo de piezas de artillería ligera, la disposición defensiva del buque y el reparto de funciones a bordo formaban parte de un saber empírico que se adquiría en la práctica cotidiana y que no estaba al alcance de cualquier marino.

Todo ello permite sostener que Constantini fue un hombre con preparación suficiente para asumir responsabilidades de mando. Aunque desconocemos la naturaleza exacta de su formación, resulta evidente que poseía los conocimientos técnicos y el criterio necesarios para dirigir embarcaciones complejas y tripulaciones amplias. Esta experiencia acumulada explica que, años después, pudiera desempeñar funciones de mayor alcance en el Cantón de Cartagena.

Su actuación como almirante sublevado no fue una improvisación surgida al calor de los acontecimientos revolucionarios; supuso la culminación lógica de un aprendizaje prolongado en el mar, en escenarios donde el mando, la organización y el uso de medios armados eran una exigencia diaria.

Contrabandistas, Federico González, s/f.
Fuente: Biblioteca Nacional de España.

CAPÍTULO III

ORÁN O LA TIERRA DE PROMISIÓN

Cuando Galdós escribió sobre Colau, Orán ya ocupaba un lugar central en su biografía. Lo presentó como un marino formado fuera de las academias, con una primera etapa de aprendizaje ligada a Gibraltar. En la roca entró en contacto con redes comerciales propias del Mediterráneo occidental. Desde el Estrecho pasó a Argelia. Orán ofrecía mejores oportunidades y un marco colonial donde comercio y contrabando convivían.

Allí se instaló con experiencia previa y una familia ya formada. Galdós lo recordó «viviendo como un bajá», comerciando con aljófar, zafiros y piedras preciosas, géneros apreciados en los intercambios entre ambas orillas. Esta combinación facilitó su integración en la colonia española y sostuvo su prosperidad inicial.

A mediados del siglo XIX, Orán era una de las principales ciudades portuarias de la costa norteafricana y capital de una extensa provincia bajo dominio francés. Su importancia se apoyaba en su posición estratégica en el arco mediterráneo. El funcionamiento de su sistema portuario se hallaba vinculado al enclave militar y naval de Mers-el-Kébir, situado a corta distancia. En la década de 1840, la ciudad superaba los treinta mil habitantes. Su población estaba formada por musulmanes, judíos y un contingente europeo numeroso. Dentro de este último grupo, los españoles constituían la comunidad más importante tras la francesa.

Detalle de la carta de Orán y Mers-el-Kébir. Grabado cartográfico por F. Rivier, 1834. Fuente: https://gallica.bnf.fr/

La ciudad presentaba una estructura urbana diferenciada. El núcleo antiguo conservaba un trazado irregular y calles estrechas, con una elevada concentración de población y una vida cotidiana intensa. Junto a él se desarrollaba una ciudad más reciente, vinculada a la administración colonial, al ejército y a las actividades portuarias. En esta zona se localizaban la aduana, los almacenes, las casas de comercio y los edificios oficiales. Ambos barrios coexistían con contrastes visibles, tanto sociales como económicos.

La comunidad española no respondía a un único perfil social. Junto a comerciantes y marinos establecidos, existía una población difícil de cuantificar, integrada por jornaleros, pescadores, cargadores y tripulantes que entraban y salían de la ciudad. Muchos quedaban al margen de los censos oficiales, pero desempeñaban un papel esencial en la economía local.

Los arrabales próximos al puerto acogían a los emigrados españoles. Habitaban viviendas modestas, a menudo subdivididas, tanto en el núcleo antiguo como en zonas periféricas y en explotaciones agrícolas de los alrededores. Estas formas de asentamiento favorecían redes de ayuda, parentesco y vecindad, en especial entre marinos procedentes de la costa valenciana.

Fue en este entorno donde se asentó Nicolás Constantini tras su llegada a Orán. Aparece documentado habitando en la *rue de la Fontaine*, calle de la Fuente, situada en la subida de la cuesta del Arsenal de *La Marine*. En ese punto se hallaba un jardín con una antigua fuente pública, construida en 1789 por orden del gobierno de la plaza, junto a la popular Posada Española. En este domicilio nacería su primera hija, Josefa, en 1859, fruto de su matrimonio con Juana María Sancha, natural de Huércal-Overa, Almería.

En la ciudad también se instaló Concepción Constantini, hermana de Nicolás, quien contrajo matrimonio en 1863 con el patrón de buque mallorquín Miguel Sitges García. Miguel era hermano de Matías Sitges, propietario y comerciante acomodado que haría fortuna en distintos negocios, entre ellos el contrabando. En Mostaganem residía otra hermana de Colau, Josefa, casada en Calp con Antonio Ortiz Crespo, vicecónsul de España en la población argelina. Antonio era hijo de Domingo Ortiz Serra y Teresa Crespo, y hermano de Juan Ortiz. Esta familia representó una de las expresiones más definidas del liberalismo progresista en Calp. Durante la primera mitad del siglo XIX, Domingo y Juan ejercieron como alcaldes de la villa y responsables de la Milicia local (Luri Prieto, 2003).

1. La herencia de una deuda

Entre 1857 y 1862, la situación económica y personal de la familia Constantini en Calp experimentó un deterioro profundo. En 1857 falleció en Orán Francisco, hermano de Nicolás, a la edad de cuarenta años.[27] Su muerte supuso la desaparición de una de

27 Registro civil de Orán. Asiento n.º 161. http://anom.archivesnationales.culture.gouv.fr/

las ramas activas del clan. La viuda y los hijos regresaron a Calp, incorporándose a un núcleo doméstico ya debilitado.

Dos años después, en 1859, murió Juan Bautista Constantini, el padre. Con su fallecimiento desapareció el patriarca y el titular formal de la deuda contraída en 1847 con José Feliu Sala. En términos jurídicos, la obligación subsistía; en términos sociales, la familia quedaba privada de su principal figura de representación. En la villa permanecían la viuda, Josefa Sau, y las hijas. El único varón adulto del linaje, Nicolás, conforme a los usos de la época, pasaba a ser el referente familiar, aunque ausente.

El acreedor reactivó la reclamación de la deuda. En 1862 alcanzó un acuerdo por el cual la familia Constantini le cedía bienes situados en Calp por un valor de 44.794 reales.[28] Este acto supuso la total desposesión familiar. La cesión no extinguía la obligación original. Una parte sustancial de la deuda, 15.000 reales, permanecía pendiente, sin que conste la aplicación de un interés sobre el montante.

La operación no puede interpretarse como un simple arreglo contable. Quince años después del reconocimiento de la deuda, el acreedor ejecutaba de forma parcial su derecho en un momento de máxima debilidad familiar. La muerte del padre y del hermano había alterado de manera decisiva el equilibrio interno del grupo. La cesión de bienes suponía la pérdida del patrimonio acumulado en Calp y, al mismo tiempo, la pervivencia de una carga económica que seguía gravando a la familia.

José Feliu no era un acreedor cualquiera. Dueño principal de extensas fincas en la provincia y figura destacada de la política comarcal, había desempeñado un papel activo en los equilibrios de poder locales. En 1853 alcanzó el cargo de diputado en el Congreso. Acostumbrado a intervenir en procesos electorales y

28   BOPA, 12 de diciembre de 1873. La escritura se otorgó en Altea, el 4 de septiembre de 1862, ante el notario Miguel Martínez. Se practicó liquidación y cesión en pago, en referencia a la deuda entre José Feliu y Sala y Josefa Sau, viuda de Bautista Constantini.

a replegarse cuando las circunstancias le eran adversas, conocía bien los tiempos de la presión y los de la espera. A comienzos de la década de 1860, tras verse envuelto en conflictos políticos y judiciales en Benissa, siendo su alcalde, optó por abandonar la villa, ordenar sus intereses desde Valencia y asegurar su posición patrimonial.[29] La reclamación contra los Constantini se inscribe en esa lógica de cierre y consolidación, más que en una reacción inmediata a los acontecimientos familiares (Luri Prieto, 2019).

La deuda reconocida en 1847, cuya causa nunca llegó a explicitarse, se convertía así en una herencia efectiva. Pasaba del padre al hijo a través de una desposesión parcial y de una obligación aún viva. Para Nicolás Constantini, ausente de hecho pero ya cabeza de familia, el vínculo con Calp quedaba reducido a una carga sin contrapartida. El acuerdo de 1862 cerraba el ciclo económico de los Constantini en la villa y consolidaba el desplazamiento definitivo del eje familiar hacia Orán.

José Feliu Sala falleció en Valencia en 1865. Tras su muerte, la gestión de sus intereses y créditos pasó a manos de su primogénito, Juan Feliu Rodríguez de la Encina. La deuda de los Constantini no quedó extinguida con el fallecimiento del acreedor. En 1867, Nicolás Constantini abonó cinco mil reales a cuenta del remanente pendiente. Un año después, en 1868, falleció también Josefa Sau, madre de Nicolás. Desde entonces, la presencia de la familia Constantini en Calp quedó reducida a algunas hijas y yernos, sin patrimonio propio ni capacidad de decisión.

Mientras estos asuntos se resolvían por la vía judicial y notarial lejos de Orán, a finales de 1865 se produjo frente a la costa oranesa un incidente marítimo que tendría consecuencias trágicas y repercusiones decisivas en la vida de Colau.

---

29   BOPA, 12 de diciembre de 1873. Por escritura pública otorgada ante el notario Eduardo Atard y Llobell en la ciudad de Valencia, el 20 de abril de 1863, El propietario cedió a favor de su hijo Juan Feliu y Rodríguez de la Encina, entre otros créditos, uno de la villa de Calpe contra la viuda de Bautista Constantini, sobre 15.000 reales de vellón.

2. Colau y el naufragio del *Borysthène*

La noche del 15 de diciembre de 1865, el vapor *Borysthène* encalló frente a la isla Plana, a unas veinte millas al oeste de Orán. La noticia del siniestro se difundió con rapidez y fue seguida con atención tanto en Argelia como en la metrópoli. La gravedad del accidente, el elevado número de víctimas y la condición del buque como integrante de las líneas regulares de las Mensajerías Imperiales explican la amplitud de su impacto.

El *Borysthène* había salido de Marsella el miércoles 13 de diciembre con destino a Orán. Se trataba de un vapor moderno y sólido, bien conocido en la navegación de la línea argelina. La nave era capaz de mantener una velocidad sostenida cercana a los doce nudos. La travesía se desarrolló con normalidad hasta la noche del viernes 15, cuando, al aproximarse al puerto oranés, las condiciones meteorológicas empeoraron de forma brusca. El cielo se cerró, el viento arreció con fuerza y la lluvia redujo la visibilidad. Por ello, la tripulación no logró escuchar la campana de aviso desde la orilla de Mers-el-Kébir y el buque, todavía lanzado a buena velocidad, fue a encallar con violencia contra una gran roca situada en las inmediaciones de la isla Plana.[30]

El choque fue devastador. Una primera sacudida arrancó a los pasajeros de su descanso; una segunda embestida, aún más violenta, provocó la entrada masiva de agua y el colapso progresivo de su estructura. El gran mástil se abatió y la popa se desintegró en parte. El *Borysthène* quedó encajado sobre la roca, sometido al embate constante de una mar muy gruesa. En plena noche, con el buque parcialmente sumergido, cerca de trescientas personas, entre pasajeros y tripulantes, quedaron atrapadas en una situación límite.

---

30   La Isla Plana, también conocida bajo el nombre de Paloma, es un islote situado a unas seis millas al noroeste de la ciudad de Orán. La isla cubre una superficie de 300 metros de largo por 100 metros de ancho. Se halla deshabitada y cuenta con un muelle de poca profundidad para pequeñas embarcaciones

Naufragio del *Borysthène*.
Fuente: *Le Monde Illustré* del 13 de enero de 1866.

Las crónicas contemporáneas describen escenas de pánico: mujeres, niños, militares y civiles aferrándose a jarcias y salientes del casco, mientras el buque era golpeado una y otra vez por las olas. La oscuridad, el frío y la imposibilidad de una evacuación inmediata agravaron el drama. En pocas horas, el naufragio adquirió la dimensión de una gran catástrofe humana.

La noticia del siniestro llegó al puerto de Orán y provocó una movilización inmediata. Las autoridades civiles y militares, junto con la administración de las Mensajerías Imperiales, organizaron el envío de embarcaciones con víveres, mantas y personal. En paralelo, desde el propio medio marítimo surgieron iniciativas espontáneas, impulsadas por marinos experimentados que conocían bien la costa y los riesgos de la navegación en temporal.

Apenas se tuvo noticia del naufragio, Colau, al mando de la balandra inglesa *Scorpion*, reunió víveres y hombres dispuestos a colaborar y se hizo a la mar con rumbo a la isla. Este gesto, señalado expresamente por *L'Écho d'Oran* como un «bello rasgo de abnegación», refleja una decisión consciente de asumir riesgos personales en una situación de emergencia.[31]

Junto a la *Scorpion*, desempeñaron también un papel relevante el buque gibraltareño *Clara* y la barca de pesca *San José*, cuyo patrón era Roque Adrover, de Calp.[32] Enviada con víveres y mantas, esta embarcación formó parte del primer dispositivo de socorro que intentó aliviar la situación de los náufragos en las horas más críticas.

Durante la noche y la madrugada, mientras los supervivientes permanecían refugiados sobre la roca, expuestos al frío del temporal, se organizaron diversos intentos de evacuación. La *Scorpion* consiguió embarcar a más de ochenta personas, que fueron conducidas a Orán, mientras otros grupos serían rescatados en las horas siguientes por distintas embarcaciones, entre ellas la *San José* y otras movilizadas desde puerto.[33]

El balance humano del naufragio fue trágico. Las estimaciones sitúan el número de víctimas mortales en torno a las setenta personas. Días después, el cadáver del segundo oficial del *Borysthène* fue recuperado en las inmediaciones de la isla y enterrado en Orán, en unas exequias que subrayaron la dimensión pública del desastre. La llegada de los supervivientes al puerto se describió como una escena de fuerte conmoción colectiva, en la que se mezclaban el alivio por los salvados y el duelo por los desaparecidos.

La actuación de Constantini en el naufragio del *Borysthène* se inscribe en una lógica de oficio y responsabilidad marítima,

---

31   *L`Echo d'Oran*, 19 de diciembre de 1865. *Le Temps* (Paris. 1861). 31 de diciembre de 1865.p.2.

32   Roque Adrover Martínez (Calp, 1833 – Orán, 1895). Hijo de Pedro Adrover, carpintero de ribera, y de Clara Martínez. Su familia emigró a Orán hacia 1848 tras el colapso económico del progenitor en Calp, cuyos bienes se subastaron en 1856 para satisfacer deudas con el patrón Juan Moragues. Pese a quedar huérfano poco después de su llegada a Argelia, Roque Adrover continuó el oficio familiar y se integró en la comunidad española de La Marina.

33   *La Presse* (Paris. 1836). 1 de enero de 1866. p.5. *Courrier de la Rochelle*, 3 de enero de 1866. p.5

propia de quienes, en situaciones extremas, asumen la iniciativa sin esperar instrucciones formales. El reconocimiento de su conducta ante el desastre asoció su nombre a un episodio mayor de salvamento marítimo dentro de la historia naval francesa del siglo XIX.

Naufragio del *Borysthène*.
Fuente: *Le Monde Illustré* del 13 de enero de 1866.

Su hijo, Nicolás Édouard Constantini, dejó por escrito un testimonio que completa la versión oficial.[34] Según recordaba, su padre, ya establecido en Orán tras su naturalización, nunca abandonó el mar. «Así reincorporado a la vida civil, no dejó de ser marinero, ya que compró tres balandras de las cuales recuerdo los nombres: estaban la *Catalina*, el *Federal* y el *Carmen*. Fue con esta última con la que habría de realizar la hazaña del rescate del pailebot».

---

34   Se publicó en *L'Echo d'Oran* en 1954. Reproducido en *L'Echo de l'Oranie*, n.º 270. Septiembre-octubre, 2000.

El hijo evocaba aquel momento con emoción: «Con su propio dinero compró víveres, mantas y, dirigiéndose a los hombres de sus tripulaciones, pidió voluntarios». La pequeña *Carmen* cruzó entonces la bocana con todas las velas desplegadas, mientras una multitud seguía la maniobra desde el muelle, en medio de la tormenta. «La conducta de mi padre fue tal, que tanto los informes oficiales como la prensa la describieron con detalle».

Cuando el barco atracó, la población recibió a los rescatadores entre vítores. Colau fue llevado en hombros hasta el ayuntamiento —el actual edificio de la Sociedad de Aguas—, convertido de pronto en héroe. El alcalde de Orán, *monsieur* Garité, le otorgó la medalla de oro del salvamento y le ofreció un empleo estable como jefe inspector de la lonja del pescado, donde se encargaba de supervisar las operaciones diarias de descarga y subasta. Más tarde vendió sus barcos.

«Nuestra madre nos lo contaba tan a menudo, durante tantos años, que parece como si lo hubiera vivido ayer», concluía el hijo. Aquella madre, que sobrevivió a Colau dieciséis años y falleció en 1902, fue quien mantuvo viva la memoria del marino entre los descendientes.

La prensa internacional se hizo eco de un nuevo episodio. A comienzos de diciembre de 1867, un corresponsal en Gibraltar informaba de un violento temporal que había sorprendido a un buque inglés, el *Amsterdam*, procedente de Sunderland, cuando intentaba entrar en el puerto de Orán.

La nave logró fondear en el nuevo puerto, quedando próxima al malecón del muelle antiguo. El suceso atrajo a numerosos curiosos a la *Place Impériale* y al paseo Létang, y también movilizó a Nicolás Constantini, entonces capitán del buque gibraltareño *Clara*, quien colaboró en el salvamento. La intervención mereció el agradecimiento oficial del vicecónsul británico. Una actuación que fortaleció su imagen pública.[35]

---

35   *Gibraltar chronicle and commercial-intelligencer*, 11 de diciembre de 1867.

Vista del fuerte de Santa Cruz y puerto, Orán, 1879.
Fuente: http://iberlibro.es

3. Reconocimiento, prestigio y nuevas redes

La intervención de Nicolás Constantini en el naufragio del *Borysthène* tuvo consecuencias que trascendieron el episodio heroico. Las fuentes disponibles señalan que recibió la medalla de oro de salvamento marítimo de primera clase y, posteriormente, la insignia roja de la Legión de Honor. No se conservan los expedientes administrativos de ambas distinciones, que debieron de registrarse en París junto a los archivos centrales de la orden, pero su concesión está confirmada por la prensa de la época y por testimonios posteriores. Entre los galardonados por la intervención en el salvamento figuraron varios marinos del puerto de Gibraltar.[36]

---

36   *Gibraltar chronicle and commercial-intelligencer.* 31 de marzo de 1866. Recoge los nombres de Nicola Genaro, capitán del *Clara*, que se ofreció voluntario para incorporarse al *Scorpion*, quien fue distinguido con la medalla de plata de primera clase. Pedro Llorca, contramaestre, y Jaime Constantini, marinero del *Scorpion* y primo de Colau, obtuvieron la medalla de plata de segunda clase.

En la Orán de mediados del siglo XIX, estas recompensas no se limitaban a reconocer un gesto individual. Eran instrumentos de legitimación social. Integraban al galardonado en un ámbito de reconocimiento compartido por oficiales, funcionarios, armadores y comerciantes. Más que una asimilación plena, suponían un aval moral y cívico, una credencial que abría paso a espacios donde el prestigio personal y la confianza valían tanto como la nacionalidad.

Nicolás Constantini, Colau. Imagen tratada digitalmente.
Fuente: el autor.

La misma distinción se concedió asimismo a los voluntarios que se sumaron a la operación desde el *Clara*: Salvatore Mazzela, capitán de la marina mercante, y los marineros Antonio Llorca, Pedro Narbo, José Martorel y Bernardo Llorca.

En ese entramado urbano y colonial, la masonería ocupaba un lugar preciso. Desde los primeros años de la ocupación francesa, las logias se establecieron en Orán de la mano del ejército y de la administración. Funcionaban como asociaciones ideológicas y espacios de relación restringida, donde coincidían mandos militares, profesionales liberales y actores económicos ligados al puerto y a las obras públicas. La pertenencia a una logia no implicaba una militancia política homogénea, pero sí el acceso a un lenguaje común de reconocimiento y lealtad personal.

Además de la logia *Union Africaine*, adscrita al Gran Oriente de Francia, la documentación permite constatar la existencia en Orán, desde fechas tempranas de la conquista, de otras estructuras masónicas de distinta orientación. Entre ellas figura una *commanderie templière* vinculada al *Ordre des Néo-Templiers*, en la que aparecen mencionados oficiales como el coronel Combe o el general Sauzet, recibido como templario en Orán en 1834. Las fuentes aluden igualmente a la presencia de otras logias, como *La Raison*, cuya actividad resulta más visible en fechas posteriores, así como a vínculos con talleres de localidades próximas, como Mascara o Mostaganem.

Entre 1860 y 1880, la logia *Union Africaine* de Orán experimentó una reactivación de sus grados superiores en 1868, gracias a la localización de oficiales con rango de Caballero Kadoch, lo que permitió retomar los trabajos interrumpidos desde 1857. A pesar del liderazgo de militares como el capitán Joseph Vieillard, elegido Venerable en 1871, la logia mantuvo un filtro riguroso, aplazando o rechazando iniciaciones de suboficiales por falta de instrucción.

Durante la guerra franco-prusiana de 1870, el taller mostró un fuerte compromiso patriótico al proponer el uso de sus locales como ambulancia, aunque la derrota de Sedán provocó tensiones que llevaron a prohibir cualquier mención política en las actas, con el fin de evitar represalias. Este periodo concluyó con denuncias relativas a persecuciones y traslados punitivos de oficiales masones, evidenciando una fractura en el ejercicio de la autoridad colonial entre los ámbitos civil y militar.

Para muchos individuos, sobre todo extranjeros o naturalizados recientes, el contacto con ese mundo podía producirse tanto a través de una iniciación formal como mediante una familiaridad práctica. Estos lazos abrían el acceso a relaciones profesionales, encuentros sociales, mediaciones y apoyos informales. En ese sentido, la masonería operaba como red relacional antes que como identidad declarada.

A partir de estos años comienzan a aparecer indicios que plantean interrogantes. Un documento oficial conserva una firma atribuida a Constantini que no coincide con otras grafías conocidas del mismo periodo. El dato, aislado, carece de valor concluyente; su interés surge al situarlo en el nuevo marco social al que Constantini accede tras el prestigio adquirido con el salvamento del *Borysthène*.

Firma de Nicolás Constantini en el acta de defunción de Sotiri Constantini. Orán, 31 de diciembre de 1867.
Fuente: http://anom.archivesnationales.culture.gouv.fr/

Bajo una perspectiva técnica y atendiendo a la morfología de la rúbrica, la anomalía detectada tras la inicial de Nicolás trasciende el mero ornato caligráfico para constituirse, quizás, en un logogrifo criptográfico. Esta estructura, compuesta por tres puntos, una línea horizontal y un semicírculo hacia la izquierda, parece romper la sintaxis visual de la época, sugiriendo la posible inserción de un código de pertenencia en la identidad primaria del autor. Estos signos podrían funcionar como una marca de reconocimiento que vincularía a Constantini con una red de protección invisible, permitiéndole navegar entre la legalidad oficial y la lealtad privada.

La firma fue examinada por dos oficiales de la Gran Logia de España. Su valoración no resultó concluyente, aunque señalaron la posible presencia de los tres puntos asociados al simbolismo masónico y destacaron la fecha del documento. Según su criterio, una datación próxima al episodio del naufragio encajaría con una iniciación reciente, etapa en la que algunos masones muestran signos simbólicos de forma abierta.

La grafía admite, no obstante, otra lectura. En el siglo XIX era frecuente reforzar las rúbricas en documentos solemnes mediante trazos añadidos, bucles o subrayados destinados a singularizar la firma y dificultar su imitación. La de 1867 podría responder a una variación circunstancial, ligada al tipo de documento o al momento vital del firmante. Presenta un trazo rápido y continuo, con escasa preocupación por la legibilidad. El apellido domina el conjunto y relega el nombre a un lugar secundario. No sigue modelos caligráficos normativos ni muestra correcciones visibles. Este indicio no permite establecer una pertenencia formal, aunque sí orienta la mirada hacia el entorno relacional en el que se movía Colau.

Consta, por último, en los registros de naturalización franceses que Nicolás Constantini obtuvo la ciudadanía francesa por *sénatus-consulte* de 14 de julio de 1869, dentro del régimen colonial argelino, tras la apertura de expediente en abril de ese mismo año. Desde entonces, su estatus jurídico quedó plenamente integrado en el orden francés.[37]

---

37   https://www.siv.archives-nationales.culture.gouv.fr/, *Naturalisations*, dossier Constantini, Nicolas, exp. n.º 26093, Col - Des (BB/27/1242/2) *sénatus-consulte* de 14 de julio de 1869.

CAPÍTULO IV

ORÁN COMO ESPACIO POLÍTICO

A partir de mediados del siglo XIX, Orán dejó de ser únicamente un enclave económico para convertirse también en un centro de tránsito humano y político vinculado a la Península. La ciudad reunía marinos, comerciantes, militares y exiliados procedentes de distintos focos de conflicto, configurando un espacio donde las relaciones personales y la circulación de ideas convivían. El destino colonial ofrecía una distancia suficiente respecto al control directo del Estado español. Con ello no se rompían los lazos culturales ni las redes personales que unían ambas orillas del Mediterráneo.

Esto explica la presencia en la población de Antonio Gálvez Arce, conocido como Antonete, destacado francmasón y figura central del federalismo intransigente murciano.[38] Tras el levantamiento republicano de octubre de 1869 y, de nuevo, después de la tentativa de 1872, Antonete encontró refugio en Orán. Su estancia en la ciudad formó parte de un movimiento recurrente de ida y vuelta, protagonizado por militantes republicanos que la utilizaban como retaguardia, punto de encuentro y reorganización.

---

38 Antonio Gálvez Arce, conocido como Antonete Gálvez (Torreagüera, Murcia, 1819 – Murcia, 1898), militar y dirigente republicano federal. Figura clave del movimiento cantonal, fue uno de los principales protagonistas del Cantón de Cartagena en 1873, donde encarnó la dimensión popular y armada del federalismo intransigente. Su liderazgo, de fuerte arraigo local y carácter carismático, lo convirtió en símbolo del cantonalismo y en referente del republicanismo radical del sureste peninsular.

Antonete Gálvez. Fuente: https://murciaesduca.es/

En julio de 1872, los servicios consulares detectaron a su vez a un hijo de José Feliu Sala, José Feliu Rodríguez de la Encina: «Rico hacendado, de Benisa, que viene con designios carlistas y que, al efecto, se dispone a hacer una excursión para entenderse y concertarse con sus correligionarios de Arzew y Mostaganem».[39] Este cabecilla encabezaría meses después una importante partida de carlistas que mostró gran actividad revolucionaria en distintas comarcas valencianas del sur.

Entre 1868 y 1873, el espacio político español vivió una fase de disolución prolongada. La caída del régimen isabelino no dio paso a un nuevo orden estable. Provocó una sucesión de soluciones transitorias incapaces de articular un proyecto común. Pronunciamientos, gobiernos efímeros y una República sin estructura efectiva generaron un vacío de autoridad que fue percibido con especial nitidez en las periferias.

La colonia adquirió un valor específico en este momento histórico. Funcionaba como refugio físico y como observatorio privilegiado de la crisis peninsular. Desde Orán, la política española se contemplaba con distancia suficiente para analizarla, pero con proximidad como para intervenir en ella. La frontera no cortaba las ideas, las filtraba.

El cantonalismo no surgió como una anomalía súbita. Se constituyó como una respuesta posible a un Estado incapaz de ejercer una soberanía efectiva. Para muchos de sus protagonistas, la autonomía local era una forma de recomposición ante la ausencia de un centro operativo. En este punto las trayectorias personales cobran sentido político. Como conversiones ideológicas repentinas y como desplazamientos coherentes dentro de un sistema en descomposición. Durante esos años, Nicolás Constantini desarrollaba su actividad en el medio marítimo oranés. Su trayectoria discurría por los cauces de la política explícita y por los de la navegación, el comercio y la gestión del riesgo.

La documentación judicial añade un elemento significativo a esta etapa. En septiembre de 1868, Constantini fue detenido frente al cabo de Palos a bordo del falucho *Gibraltar segundo*, cargado con géneros de ilícito comercio. El procedimiento derivó en un prolongado conflicto de competencias entre la jurisdicción

---

39   AMAE, Correspondencia (Orán), leg 1998. Despacho del cónsul en Orán al ministro de Estado, 8 julio 1872. Citado por Vilar Ramírez, (1982: 160).

ordinaria y la de Marina, resuelto finalmente por el Tribunal Supremo en abril de 1870 a favor de esta última.[40] El episodio sitúa a Constantini dentro de redes habituadas a operar en márgenes de riesgo, sometidas a normas propias, no siempre formalizadas y sostenidas por vínculos de confianza.

En la causa aparece implicado, junto a Constantini, Jaime Pérez, patrón del falucho. Ambos quedaron imputados por delitos de navegación en buque extranjero sin licencia y deserción de matrícula. Más allá del desenlace procesal, la relevancia del dato reside en la continuidad de los nombres. Pérez reaparecerá años después como colaborador directo de Constantini en la escuadra cantonal de Cartagena, lo que apunta a relaciones previas construidas en el mundo del mar, anteriores a cualquier compromiso político explícito.[41]

1. El trasfondo ideológico del cantonalismo

El cantonalismo de 1873 se desarrolló dentro de una cultura política federal forjada a lo largo de décadas en el republicanismo español. Intelectuales, militantes y agitadores compartieron un lenguaje político que cuestionaba la concentración del poder y defendía formas de soberanía próximas al individuo y al municipio. Ese lenguaje actuó como instrumento común de referencia para la acción revolucionaria.

En ese espacio ideológico se situaron figuras como Antonete Gálvez y Roque Barcia.[42] Ambos operaron desde una concep-

---

40   *Gaceta de Madrid*, n.º 120. 10 de abril de 1870, p. 1-2.

41   Jaime Pérez Barceló (1840-?). Natural de Benidorm. Patrón marino. Colau aparece como padrino de su boda con la gaditana María Dolores Ygorra, celebrada en Orán el 19 de marzo de 1870. Registro Civil de Orán, n.º 55. Matrimonios.

42   Roque Barcia Martí (Isla Cristina, 1823 – Madrid, 1885), escritor, periodista y político republicano. Fue una de las figuras intelectuales más influyentes del republicanismo federal durante el Sexenio Democrático. Participó activamente en la Revolución de 1868 y en la Primera República, destacando como

ción federal del orden social que otorgaba al municipio un papel central como núcleo de la vida política. El individuo aparecía como sujeto originario de derechos y como punto de partida de toda articulación colectiva.

Imagen de Roque Barcia de 1856, por J. Vallejo.
Fuente: *Catón político*, obra de Barcia.

Esta visión procedía, entre otras fuentes, del krausismo hispánico introducido en España por Julián Sanz del Río.[43] Desde esa tradición, la sociedad se concebía como una construcción ascen-

---

ideólogo, propagandista y orador. Su pensamiento, de marcado radicalismo democrático, influyó de manera decisiva en el desarrollo del cantonalismo, aunque su papel fue más doctrinal que ejecutivo.

43   El krausismo, corriente filosófica de raíz idealista formulada por Karl Christian Friedrich Krause (1781–1832), fue difundido en España a partir de la década de 1850. Su doctrina propugnaba una visión armónica del orden social basada en la razón, la moral y la educación integral del individuo. Esta corriente ejerció una influencia duradera en círculos universitarios, jurídicos y políticos, y sirvió como sustrato intelectual de una cultura reformista, laica y republicana que influyó en el pensamiento democrático y federal del siglo XIX.

dente. El individuo daba lugar a la familia, la familia al municipio y el municipio a formas superiores de organización política.

La historiografía del Cantón de Cartagena tendió durante largo tiempo a personalizar el movimiento en la figura de Roque Barcia, presentado como principal representante del republicanismo intransigente y del cantonalismo de carácter político, frente a otros cantones interpretados como de naturaleza social. Según este relato, el Cantón cartagenero habría sido dirigido por agitadores burgueses procedentes de la extrema izquierda parlamentaria, que se hicieron con el poder local tras la proclamación de la insurrección. Aunque esta interpretación ha sido revisada en las últimas décadas, subrayando el carácter popular y organizado desde abajo de las revoluciones cantonales, el caso de Cartagena siguió destacando por la presencia significativa de dirigentes intransigentes llegados tras la sublevación, entre ellos Barcia, que asumieron carteras en el Directorio y en el Gobierno de la Federación española.

Estos dirigentes fueron considerados durante mucho tiempo el motor de la revolución cartagenera, pero también el símbolo de sus contradicciones. Barcia, que se erigió en figura profética del Cantón, destacó por un discurso de fuerte carga mesiánica y acabó distanciándose del movimiento tras la derrota. Sin embargo, su presencia en Cartagena no puede explicarse únicamente en términos de ambición personal, sino que debe situarse en el marco de un proyecto político más amplio, ligado a una concepción radical del federalismo y a una lectura moralizada de la soberanía popular.

A partir de septiembre de 1873, tras la derrota de los demás cantones, los dirigentes intransigentes fueron progresivamente desplazados del mando. El Gobierno de la Federación española en Cartagena fue disuelto, quedando la ciudad bajo el control exclusivo de la Junta Revolucionaria. En este contexto se produjo una dinámica de radicalización interna, poco destacada por la historiografía, en la que los notables y los oficiales pronunciados perdieron el control efectivo de la insurrección, cediendo el prota-gonismo a los líderes civiles y plebeyos de las milicias ciudadanas.

En esta fase adquirió centralidad la figura de Antonio Gálvez, líder carismático del Cantón plebeyo. Campesino de la huerta murciana y antiguo «voluntario de la libertad» desde 1868. Gál-vez había encabezado las principales movilizaciones republicanas en la región y gozaba de un fuerte arraigo social entre las clases populares armadas. Su autoridad, confirmada por el amplio res-paldo electoral que obtuvo durante el Cantón, se basaba menos en el prestigio ideológico que en la proximidad social, la expe-riencia insurreccional compartida y la capacidad de movilización.

El contraste entre Roque Barcia y Antonete Gálvez pone de relieve una tensión estructural del cantonalismo cartagenero: la existente entre un republicanismo intransigente de matriz parlamentaria y doctrinal y un republicanismo popular, miliciano y de base. La evolución del movimiento mostró el progresivo agotamiento del primer modelo y la afirmación del segundo, en un contexto de asedio, aislamiento y radicalización. Estos elementos contribuyeron tanto a la dinámica interna del Cantón como a su posterior percepción histórica.

Sin ser un teórico ni un propagandista, se aprecian en Co-lau los trazos de un hombre con formación filosófica e intereses intelectuales. Su experiencia pertenecía al mundo del mar y de la acción directa; sin embargo, para un marino acostumbrado a operar en esos ámbitos, la crítica al centralismo, la defensa de la autonomía local y la apelación a una fraternidad supranacional no resultaban ajenas.

Aquí resulta pertinente abordar una cuestión recurrente en la familia Constantini: la afirmación de un parentesco con Juan Prim. Desde el punto de vista genealógico, ese vínculo no se sostiene. En cambio, su persistencia adquiere sentido si se inter-preta como un recurso simbólico: el de una fraternidad de orden político o masónico, vertida al lenguaje del parentesco consan-guíneo por necesidad de legibilidad social.

La figura de Prim operaba como referente máximo del liberalismo revolucionario del periodo. En los códigos políticos y fraternales del siglo XIX, términos como «primo» podrían funcionar a menudo como fórmulas socialmente aceptables para expresar cercanía, afinidad o pertenencia a un mismo horizonte moral y político, sin necesidad de explicitaciones comprometedoras. No se trataría, por tanto, de una falsificación consciente. Evidencia una traducción social, una manera de nombrar una proximidad que no podía formularse en otros términos.

A comienzos de la década de 1870, la trayectoria de Nicolás Constantini presentaba ya una fisonomía definida. Había consolidado su posición en Orán, se movía con soltura en los circuitos marítimos y contaba con un prestigio público avalado por un episodio de alcance excepcional en el ámbito marítimo. Su nombre circulaba asociado a la competencia profesional, a la iniciativa en situaciones límite y a una red de relaciones forjadas en el mar, donde la lealtad y la experiencia compartida pesaban más que cualquier adscripción formal.

Vista del fuerte de Santa Teresa y caserna de Isoles, Orán. Zona portuaria. Fuente: http://forgalus.free.fr/

El medio en el que desarrollaba su actividad tampoco era neutro. Orán se había convertido en un destino donde confluían trayectorias políticas, lenguajes comunes y expectativas de transformación. Cuando el orden político peninsular volvió a resquebrajarse y la revolución pasó del terreno latente al escenario abierto, Constantini no partía de una posición marginal ni ajena. Su incorporación posterior a la causa cantonal fue la consecuencia lógica de un recorrido previo, tejido entre Orán y el mar, entre el prestigio social y una concepción de la acción basada en la iniciativa y la fidelidad a los propios vínculos.

2. Del mito al material de archivo

La potencia de esta construcción literaria obliga a detenerse. El Colau de Sender es una interpretación, no un documento histórico. Su eficacia narrativa no garantiza exactitud, pero sí señala un dato esencial: la figura de Nicolás Constantini resultó verosímil para un escritor atento a los mecanismos sociales de la revolución. La cuestión es comprender por qué Constantini pudo llegar a ser el Colau de *Mr. Witt en el Cantón*.

Las fuentes históricas coinciden en un punto básico: Constantini llega a Cartagena en el verano de 1873 y se ofrece a las autoridades cantonales, que lo sitúan de inmediato en una posición reconocible dentro del movimiento. No aparece como un improvisado ni como un desconocido. Llega con un prestigio previo, una trayectoria marcada por la acción autónoma y un capital simbólico acumulado durante años.

Ese gesto se produce mientras seguía abierta la reclamación judicial por el remanente de la antigua deuda contraída con los Feliu. La demanda había sido interpuesta contra el conjunto de la familia Constantini y recaía de manera directa sobre las hermanas y sobrinos que permanecían en Calp.[44] Aunque Colau estaba ausente, la

---

44   BOPA, 12 de diciembre de 1873. La demanda interpuesta por Feliu se dirigía contra Teresa Constantini Sau, consorte del maestro Gaspar Zaragoza,

presión económica y legal operaba sobre él como cabeza del linaje y último responsable moral del conflicto.

El acreedor, Juan Feliu Rodríguez de la Encina, diputado nacional por Pego desde mayo de ese mismo año, no era una figura ajena al mundo republicano ni al universo político en el que se inscribía el Cantón. Juan Feliu era uno de los principales referentes del republicanismo federal valenciano como vocal de la Junta Revolucionaria de Valencia en julio de 1873.[45] La paradoja resulta evidente. La acción judicial se desarrollaba dentro del mismo universo político que, en otros frentes, cuestionaba el orden jurídico vigente.

No se trata de reducir la adhesión de Constantini al Cantón a una motivación privada ni de establecer una relación mecánica entre el proceso judicial y su decisión política. Pero tampoco puede ignorarse esta circunstancia. En el verano de 1873, su vínculo con el orden institucional existente estaba ya erosionado. La causa seguía

Catalina Constantini Sau, consorte de Vicente Maurí, patrón, y Josefa Constantini Galbó, hija del difunto Francisco Constantini. Asimismo se incluía a Trinitaria Constantini Sau y a Josefa Narbó Constantini, hijas de la difunta Serafina Constantini, solteras y vecinas de Calp, que fueron emplazadas mediante edictos al ignorarse su paradero. La acción alcanzaba también a Nicolás Constantini Sau, a Josefa Constantini Sau, fallecida el 10 de julio de ese mismo año, consorte de Antonio Ortiz, así como a Pedro Narbó Constantini, Juan Bautista Constantini Galbó, María Concepción Constantini Sau, esposa de Miguel Sitges, y María Constantini Sau. A todos ellos se les declaró en rebeldía con la única excepción de Trinitaria Constantini Sau. Pedro Narbó Constantini fue detenido en la playa de Mazarrón, junto a Juan José Martínez, miembro de la Junta y Enrique Retamar (*Las Circunstancias*, 9 de enero de 1874, p. 3).

45   Juan Feliu Rodríguez de la Encina (Benissa, 1833 – Valencia, 1908). Diputado a Cortes y dirigente demócrata y republicano federal. Se licenció en Derecho por la Universidad de Valencia, aunque no ejerció la abogacía, dedicándose a sus negocios y a la política. Ingresó en el Partido Demócrata en 1861, pasando tras la Revolución de 1868 al Partido Republicano Federal. Fue concejal del Ayuntamiento de Valencia, diputado provincial y director del Hospital Provincial. Elegido diputado a Cortes en 1873, participó en la Junta revolucionaria valenciana durante la insurrección cantonal, alineándose después con Francisco Pi i Margall. Durante la Restauración reorganizó el Partido Federal en Valencia y volvió a ser concejal en 1891, año en que perdió la jefatura regional del partido en favor de Vicente Blasco Ibáñez, lo que provocó una escisión interna.

abierta, la presión recaía sobre su familia y el conflicto arrastraba más de dos décadas sin resolución.

En este sentido, la deuda actúa como uno de los elementos de tensión que definían su relación con el orden social e institucional previo. No empuja a Constantini hacia el Cantón, pero contribuye a explicar el distanciamiento respecto a un sistema de obligaciones económicas, familiares y jurídicas que ya no ofrecía una salida viable ni coherente con su trayectoria.

La incorporación al Cantón no aparece así como una huida ni como un gesto desesperado. Fue el resultado de la prolongación de un recorrido situado desde tiempo atrás en los márgenes del sistema. Constantini cruza el umbral de la revolución y, lejos de romper con su pasado, lo continúa.

CAPÍTULO V

EL CANTÓN Y LA LEYENDA: CONSTANTINI ENTRE LA FICCIÓN Y LA HISTORIA

Ramón J. Sender introduce a Constantini en *Mr. Witt en el Cantón* como una figura simbólica destinada a encarnar una determinada idea de la revolución. El Colau literario no puede leerse como una transposición directa del personaje histórico; tampoco como una invención arbitraria. La novela fija una imagen poderosa y duradera que condiciona la percepción posterior del marino. Esta aproximación explica por qué su figura resultó verosímil como jefe naval del Cantón.

Imagen de la primera edición de *Mr. Witt en el Cantón*. Ramón J. Sender (Espasa Calpe, 1936).

Comenzar este capítulo desde la ficción no implica confundir planos. En el caso de Constantini, la literatura precede al documento en la construcción del mito. Solo a partir de esa imagen literaria es posible interrogar con mayor precisión al Colau histórico y medir la distancia entre ambos.

Constantini encarna la forma más acabada de la «hombría» senderiana, en sentido moral y simbólico. Una versión entendida como impulso vital elemental, opuesto a la «personalidad» artificiosa y agotada que representa Jorge Witt. Colau aparece como un contrabandista valenciano afincado en Orán que, movido por una afinidad instintiva con la causa revolucionaria, se ofrece a los cantonales para poner su pericia marinera al servicio de la Federación.

Sender lo describe con una estética de «pirata turco»: un gigante de aspecto feroz, bigotes bárbaros y una presencia física que impone respeto inmediato. Sin embargo, bajo ese barniz emerge una elegancia natural y una suavidad de trato inesperada que descoloca a Mister Witt. El inglés lo define con ironía como un «gentleman cafre». Uno de los elementos que refuerzan su dignidad social es su condición de caballero de la Legión de Honor francesa. No la obtuvo en combate. Su acción fue un acto de heroísmo marítimo. El salvamento de los pasajeros de un trasatlántico durante una tempestad, realizando repetidos viajes en una lancha en condiciones extremas.

Ese heroísmo sitúa a Colau por encima de los militares de academia y lo convierte en una figura admirada por la población de Cartagena, que ve en él a un salvador casi mítico. En el argumento de la novela, como en la vida real, asume el mando de la fragata *Tetuán* y se convierte en el pilar naval del Cantón, en paralelo a Antonete Gálvez, que concentra la acción en tierra.

El clímax narrativo se produce durante el enfrentamiento naval frente al cabo de Palos, donde su audacia obliga a retirarse a la escuadra del almirante Lobo. Frente a la indecisión de otros buques, Colau lanza la *Tetuán* al ataque con una asunción consciente del riesgo, hasta el punto de rozar el abordaje de la *Vitoria*. Milagritos observa la escena desde el barco hospital *Buenaventura* y vive la gesta como un triunfo personal del capitán.

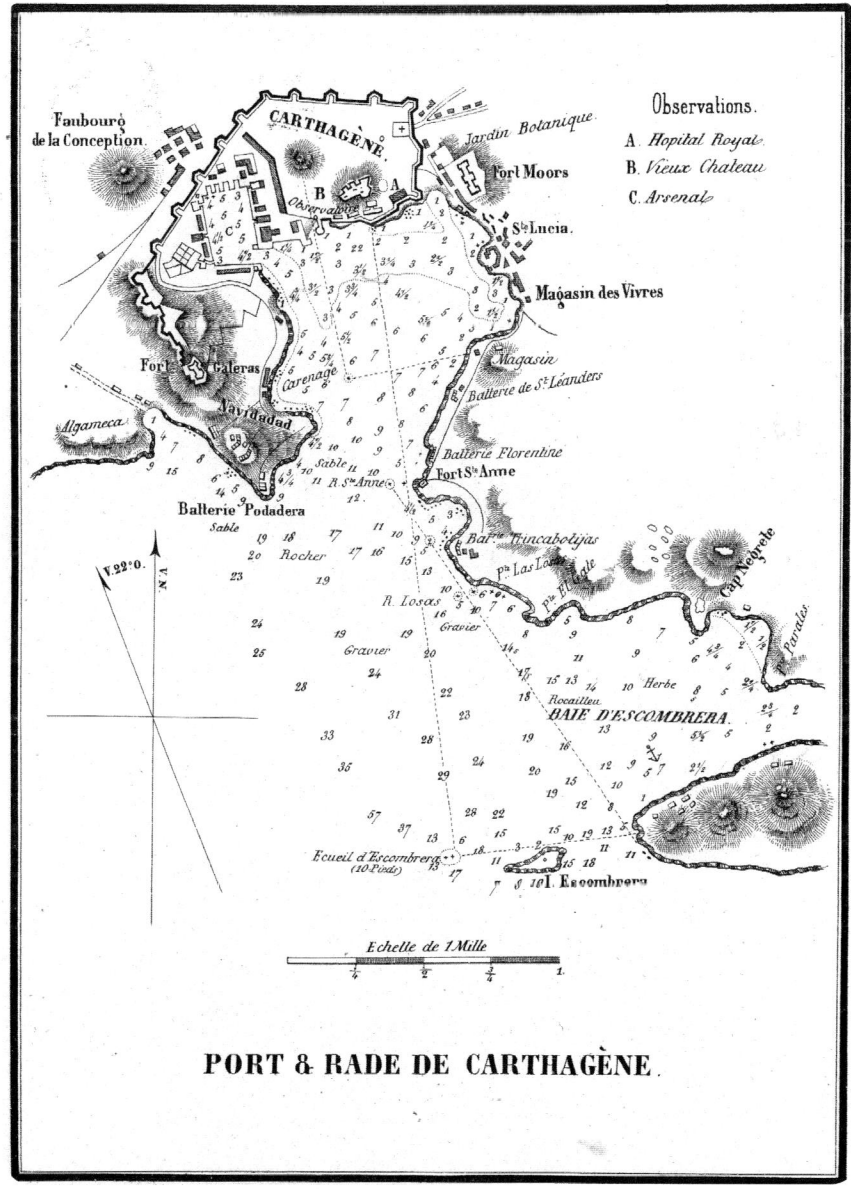

Carta náutica de 1859. Puerto y rada de Cartagena. Maseille. Maistre, *hidrographe, editeur*, 1859. Fuente: https://bvpb.mcu.es/

Para Milagritos, el marino representa la vitalidad que le falta a su marido. Es «materia apenas organizada», fuerza primaria, energía no domesticada. En él proyecta una idea de plenitud vital que llega a formularse como deseo de maternidad. Colau es la búsqueda de una síntesis humana que Witt no puede ofrecerle con pasión romántica.

La relación entre Nicolás y Mister Witt se articula como una hostilidad psicológica profunda. Witt percibe la admiración que despierta el capitán como una forma de adulterio moral. En él reconoce al heredero del fantasma de Froilán Carvajal, «primo» de Milagritos, el mártir cuya muerte permitió años atrás por celos y cobardía.[46]

En su único encuentro personal, Colau desarma a Witt con respuestas breves y directas. A las largas explicaciones económicas del ingeniero responde con un seco «Sí. Se come menos». Reduce la grandeza del imperio británico a «llevar doscientos años echándole oro al mar». Esa superioridad instintiva humilla a Witt y precipita su deriva, que culmina en el sabotaje de la *Tetuán* a través de Ricardo Yuste.

Durante el incendio del buque, Witt observa desde su balcón cómo un hombre se quema en el mástil, convencido de que es Nicolás. La escena le produce una satisfacción oscura. Sin embargo, el capitán vuelve a sobrevivir. Es el último en abandonar la nave tras asegurar la evacuación de toda la tripulación.

Colau queda así fijado en la memoria de la revolución como el héroe invulnerable que sostuvo la moral de una ciudad sitiada y hambrienta. Su figura actúa como catalizador de la ruina moral

---

46   Froilán Carvajal y Rueda (Tébar, 5 de octubre de 1830 – Ibi, 8 de octubre de 1869), político republicano y activista revolucionario. Participó en las insurrecciones republicanas del periodo isabelino y del Sexenio Democrático, interviniendo en los movimientos de 1868 y 1869. Vinculado al republicanismo federal y a los sectores más intransigentes, fue fusilado tras el levantamiento republicano-federal de octubre de 1869, convirtiéndose en una figura de referencia y martirio para el cantonalismo y el federalismo radical.

de Witt y precipita el desenlace de la novela. Aunque el Cantón fracasa, la «hombría» del marino vence en el plano simbólico.

FROILAN CARVAJAL.

Retrato de Froilán Carvajal por Justo García Villamala.
Fuente: *La Ilustración Republicana Federal*.

1. La Tetuán y el acceso al mando

Como suceso histórico trascendental, el levantamiento cantonal de julio de 1873 no se limitó a la ocupación de la ciudad de Cartagena. Desde sus primeros días incorporó una dimensión naval decisiva, al quedar bajo control del movimiento varios buques de guerra de la Armada fondeados en su puerto. Entre ellos se encontraba la fragata *Tetuán*.

Esta unidad de guerra de vapor y hélice se incorporó a la Armada pocos años antes y fue destinada a desempeñar un papel central en la estrategia naval del movimiento cantonal.[47] Su sola existencia introducía una tensión de origen. El Cantón, que había proclamado la ruptura con el Estado central, heredaba al mismo tiempo una parte sustancial de su aparato militar. La junta se veía obligada a operarlo sin una estructura naval propia, sin cuadros políticos formados para el mando y con oficiales cuya lealtad no siempre resultaba incuestionable.

Durante las primeras semanas del levantamiento, la *Tetuán* participó en diversas salidas destinadas a consolidar el control del litoral y a extender la autoridad cantonal hacia otros puertos. La expedición proyectada contra Alicante se concebía tanto como acción militar como gesto político de afirmación. La operación fracasó antes de alcanzar su objetivo. Una avería grave obligó al buque a regresar a Cartagena, frustrando la misión y sembrando de inmediato la sospecha. No se trataba de una

---

47   La *Tetuán* fue una fragata blindada de vapor y hélice de la Armada española, cuya construcción se aprobó tras la Guerra de África y cuyo nombre conmemoraba la victoria española en Tetuán. Botada en el arsenal de El Ferrol en 1863 y entregada al servicio en 1866, desplazaba cerca de 6.900 toneladas a plena carga y combinaba propulsión a vela con una máquina de vapor de 1.000 caballos nominales, alimentada por ocho calderas y una amplia capacidad de carboneras. Su artillería principal superaba las cuarenta piezas, con cañones de grueso calibre montados en batería. Contaba con un blindaje de hierro forjado que protegía gran parte del casco de madera. La complejidad de sus sistemas de máquina y la dependencia del personal de fogones y calderas convertían cualquier incidencia en estos servicios en un factor crítico para su operatividad.

simple incidencia técnica. La naturaleza del fallo, localizado en los servicios de máquinas y fogones, y las tensiones internas que atravesaba la escuadra, llevaron pronto a interpretar el episodio como un posible sabotaje.

La fragata quedó en puerto bajo vigilancia. El comandante del buque, Benito García del Fresno, fue apartado del mando y sometido a una sumaria que apuntaba tanto a negligencias como a una eventual connivencia pasiva con sectores hostiles al Can-

Bombardeo de Alicante por las naves cantonales, 27 de septiembre de 1873. Fuente: *Le Monde Illustré* del 18 de Octubre de 1873.

tón. El episodio dejó al descubierto un problema más amplio. La revolución debía enfrentarse a la presión exterior de las fuerzas gubernamentales y a una descomposición interna del mando naval heredado de la Armada isabelina. En ella convivían oficiales comprometidos con la causa cantonal y otros cuya fidelidad resultaba, cuando menos, dudosa.

La llegada de Colau a Cartagena se produjo a finales del verano de 1873, cuando el Cantón ya se hallaba en marcha y comenzaban a evidenciarse sus carencias estructurales. Llegó como un marino experimentado, no como militar de carrera ni como delegado político. Esa condición marginal, lejos de perjudicarlo, lo situó en una posición singular. No estaba implicado en las responsabilidades previas del buque ni vinculado a las redes de mando que habían quedado bajo cuestión.

Su acceso a las autoridades cantonales no quedó sujeto a una proclamación pública ni a un acto solemne. Se produjo de manera funcional, en un momento en que la Junta necesitaba resolver un problema concreto con rapidez. La *Tetuán* representaba un punto crítico del dispositivo naval y requería un mando capaz de imponerse de inmediato sobre una tripulación fracturada y en descrédito. En estas circunstancias, su perfil resultó adecuado. No ofrecía garantías ideológicas formales explícitas, pero sí una autoridad práctica fundada en el prestigio y en la distancia respecto a los conflictos internos del buque.

La decisión se formalizó el 29 de septiembre de 1873. Contreras ordenó el desembarco del comandante depuesto y dispuso que «tome el mando en comisión de dicho buque el ciudadano Nicolás Constantini como 1.º comandante y como 2.º Jaime Pérez».[48] El lenguaje del documento refleja bien la naturaleza del gesto. No se trató de un nombramiento destinado a fundar una carrera ni de una consagración política. Fue una medida adoptada bajo la presión de los acontecimientos, orientada a restablecer el control en una situación límite.

Desde ese momento, su entrada en el Cantón dejó de ser abstracta. Se produjo mediante la asunción de una responsabilidad concreta en uno de los nudos más delicados de la revolución. La *Tetuán* funcionó así como su verdadero umbral cantonal. Como espacio de conflicto, no como escenario de gloria. Y fue precisamente esa forma de acceso, poco heroica y cargada de ambigüedad, la que permitió que la ficción posterior lo elevara sin que el personaje resultara inverosímil.

---

48   AGZMM, Insurrección cantonal, B-2.

Nicolás Constantini, Colau. Imagen tratada digitalmente. Fuente: el autor.

2. Combate y consagración

Con el mando de Nicolás Constantini ya consolidado, la *Tetuán* dejó de actuar como una unidad problemática para integrarse de pleno en la estrategia marítima del Cantón. Desde finales del verano de 1873, la escuadra cantonal no operaba ya por impulsos aislados. Lo hacía mediante una sucesión de expediciones destinadas a afirmar su autoridad sobre la costa inmediata, presionar a las plazas indecisas y obtener recursos materiales indispensables para sostener Cartagena. Desde una lógica más operativa que ideológica deben leerse las siguientes salidas de la *Tetuán*, que marcaron el tránsito desde la improvisación inicial hacia una acción naval sostenida, aunque frágil.

A comienzos de octubre, el buque al mando de Colau volvió a salir a la mar en la expedición a Almería, esta vez en un diseño operativo más definido. La operación, dirigida por Antonete Gálvez, combinó el transporte de fuerzas voluntarias con una acción rápida sobre la costa. La fragata acompañó al *Despertador* del Cantón, desembarcó contingentes en Garrucha y participó en el recorrido por Vera y Cuevas de Vera, asegurando después la retirada con un cargamento de víveres, dinero y suministros esenciales. Fue una de las pocas operaciones satisfactorias del Cantón en ese periodo y reforzó, de forma momentánea, la percepción de que la escuadra aún podía cumplir un papel decisivo si actuaba con coordinación.

Ese margen de maniobra se cerró con rapidez. El 9 de octubre llegó a Cartagena la noticia de que la escuadra gubernamental, al mando del almirante Lobo, había abandonado Almería y navegaba hacia la plaza. La amenaza era clara. De consolidarse el bloqueo, la ciudad quedaría aislada y la escuadra cantonal perdería toda capacidad de iniciativa. Permanecer en puerto equivalía a aceptar una derrota progresiva sin combate.

Ante esa perspectiva, la Junta reaccionó con premura. El mando naval se dejó en manos de Contreras y se convocó una reunión de comandantes a bordo de la *Numancia*. La decisión que se adoptó fue el resultado de una evaluación fría de las alternativas disponibles. O se aceptaba el cierre del cerco y la pérdida inmediata de toda capacidad operativa, o se salía al encuentro de la escuadra gubernamental para intentar romper el bloqueo antes de que quedara definitivamente establecido.

Presentar batalla aparecía así como la única opción estratégica viable. No garantizaba la victoria, pero permitía conservar la iniciativa y demostrar que el Cantón aún disponía de una fuerza naval capaz de actuar. En ese consejo de guerra improvisado, la *Tetuán* ocupó una posición central. Junto a la *Numancia* y la *Méndez Núñez*, constituía uno de los pilares del dispositivo insurrecto. Constantini asumió su papel con decisión, consciente de las limitaciones de su buque y del riesgo que implicaba la decisión adoptada.

La fragata iba cargada en exceso de hombres, reflejo del entusiasmo desordenado que caracterizaba al Cantón en sus momentos críticos. Aquella sobrecarga, lejos de reforzar la capacidad combativa, limitaba la maniobrabilidad y aumentaba los peligros de un enfrentamiento en mar abierto. Aun así, la *Tetuán* quedó integrada en la línea de combate como una pieza necesaria, llamada a intervenir allí donde la presión fuese mayor.

Desde ese punto, la navegación hacia levante y la aproximación al cabo de Palos dejaron de ser un simple desplazamiento para convertirse en la antesala de un enfrentamiento inevitable. Con Constantini al mando, la nave avanzó sabiendo que el margen de error era mínimo y que cualquier avería podía dejarla fuera de acción. Y, pese a ello, avanzó.

En la mañana del 11 de octubre de 1873, ambas escuadras se encontraron frente al cabo de Palos. El temporal que había ralentizado la navegación durante horas se disipó de manera irregular, dejando un mar todavía movido y un horizonte apenas limpio. Los buques cantonales navegaban con dificultad, desiguales en velocidad y gobierno, mientras a cierta distancia se mantenían

los navíos extranjeros que seguían la operación con atención vigilante. El combate anunciado se produjo sin maniobras previas
elaboradas. Fue más un choque forzado que una batalla bien
dispuesta.

Imagen restaurada de la fragata Tetuán a partir de una fotografía de
época. Fuente: el autor.

La *Numancia*, buque insignia de la escuadra insurrecta, abrió
fuego poco antes del mediodía. Su potencia artillera condicionó
el inicio del enfrentamiento y atrajo de inmediato la atención de
la escuadra gubernamental. La *Vitoria*, insignia del almirante
Lobo, viró para concentrar sobre ella el grueso del ataque, apo-
yada por la *Almansa* y la *Navas de Tolosa*. El choque se frag-
mentó desde los primeros minutos. La línea cantonal se estiró y
perdió cohesión, y cada buque quedó, en la práctica, obligado a
resolver su situación de manera casi autónoma.

La *Tetuán*, al mando de Constantini, avanzaba con dificultad.
La sobrecarga de hombres y la debilidad de la propulsión pena-
lizaban su maniobra y la obligaban a forzar máquina para mante-
nerse en contacto. Su artillería, de alcance limitado y ya anticuada

frente a los buques adversarios, no permitía sostener un intercambio prolongado a distancia. Constantini lo sabía. Desde el inicio del enfrentamiento asumió que la única posibilidad de intervención efectiva residía en acortar el espacio, aproximarse hasta el límite y convertir la inferioridad técnica en presión directa.

En ese tramo inicial la *Tetuán* se dirigió hacia la *Vitoria*. La maniobra obedeció a una lógica impuesta por las condiciones materiales del buque. Sin búsqueda de gloria ni impulso temerario. A medida que se aproximaba, recibió el fuego combinado de la *Vitoria* y del vapor *Cádiz*. Las granadas estallaban cerca de la línea de flotación y barrían la cubierta con metralla. El humo y el estruendo dificultaban cualquier coordinación fina, y la visibilidad se reducía por momentos.

Constantini ejerció un mando directo y expuesto. Permaneció en cubierta, transmitiendo órdenes entre el timón y las baterías, ajustando el rumbo en medio del caos y sosteniendo la maniobra cuando el gobierno del buque comenzaba a resentirse. Según los testimonios recogidos por la prensa cantonal y por observadores posteriores, fue él quien ordenó poner proa a la *Vitoria* «a toda máquina», forzando una situación cercana al abordaje. Durante unos instantes, el choque pareció inevitable. La maniobra fue evitada en el último momento por una virada rápida y precisa del buque insignia gubernamental, que logró esquivar la colisión sin perder del todo la iniciativa.

La *Tetuán* pagó ese intento con severidad. Una granada destrozó la murada de babor y otra alcanzó el timón, dejándola casi sin gobierno. Aun así, el buque continuó en acción durante un tiempo prolongado, manteniendo el fuego mientras intentaba recuperar el control de la dirección. La artillería, aunque limitada, respondió con intensidad. El propio almirante Lobo reconocería posteriormente que la *Tetuán* fue uno de los buques que «más se distinguieron por lo nutrido y certero de sus fuegos», una valoración significativa viniendo del mando contrario.

La *Tetuán*. Combate naval entre las fragatas insurgentes y la flota gubernamental. Fuente: *Le Monde Illustré* del 1 de noviembre de 1873.

Mientras tanto, la *Numancia* quedaba rodeada. El blindado recibió fuego cerrado desde varios frentes y sufrió impactos de gran calibre en su cubierta. Durante casi dos horas, los cañones de ambas escuadras dispararon sin interrupción, sin que ninguna lograra imponerse de forma decisiva. El combate solo se detuvo cuando un buque de guerra francés, la *Thétis*, situado en posición intermedia, se interpuso entre ambos bandos. Con esta acción forzó de facto el alto el fuego, recordando con su presencia los límites internacionales del conflicto y la imposibilidad de prolongar el enfrentamiento sin consecuencias diplomáticas.

Eran poco más de las dos de la tarde cuando las escuadras comenzaron a separarse. El balance material y humano fue elevado. La *Numancia* había sufrido numerosas bajas; la *Tetuán* y la *Méndez Núñez* contaban decenas de muertos y heridos entre sus dotaciones. Ninguno de los dos bandos podía reclamar una victoria clara. Sin embargo, en Cartagena el choque fue recibido como un triunfo moral. Los partes cantonales hablaron de «combate glorioso» y de «valor ejemplar de los marinos españoles», en un intento de compensar con retórica lo que no se había logrado en términos estratégicos.[49]

Fragata *Numancia*, en una imagen de época.
Fuente: Rafael Monleon y Torres. Museo Naval, Madrid.

La realidad era más áspera. La escuadra del Cantón regresaba dañada y sin capacidad inmediata para repetir la acción. La *Tetuán* había perdido parte de la arboladura y presentaba averías graves en el gobierno; la *Méndez Núñez* arrastraba problemas de máquina; la *Numancia* hubo de ser carenada de urgencia en puerto. El bloqueo no se había roto. La iniciativa naval del Cantón entraba, desde ese momento, en una fase de declive irreversible.

Para Constantini, Palos no fue una victoria, pero sí una consagración. Su actuación al mando de la *Tetuán*, visible, expuesta y sostenida en condiciones adversas, contrastó con la sensación general de indecisión que rodeó al conjunto de la escuadra. En los días siguientes, mientras se cuestionaba la actuación de Contreras, su figura salió reforzada. La prensa llegó a señalar que el

---

49   *El Cantón murciano*, n.º 59, 12 de Octubre de 1873.

comandante de la *Tetuán* asumía la jefatura naval, reconocimiento implícito a su conducta durante el enfrentamiento.

Ahí se produjo el deslizamiento decisivo entre historia y mito. Palos no ofreció al Cantón una victoria material, pero proporcionó un relato. En medio del fracaso colectivo, la figura de Constantini emergió como la de un jefe capaz de asumir el riesgo y sostener la acción cuando el margen de maniobra era mínimo. Ese recuerdo, fijado primero por la memoria inmediata y más tarde por la literatura, es el que permite entender por qué Colau pudo convertirse en el héroe naval del Cantón. Por cómo combatió cuando la derrota estaba anunciada.

3. Después de Palos, Calp: operaciones en Levante

Tras el combate, la escuadra cantonal quedó en una situación ambigua. No había sido derrotada, pero tampoco había logrado romper el cerco. El equilibrio era precario y dependía tanto de la integridad material de los buques como de la disciplina de sus dotaciones. El almirante Lobo, consciente de los riesgos de un nuevo enfrentamiento, fue relevado del mando de la escuadra centralista, siendo sustituido por Chicarro. Desde ese momento, no se produjo ya un choque directo entre ambas fuerzas.

El 17 de octubre, la escuadra cantonal se hizo de nuevo a la mar con rumbo a Levante. La componían la *Numancia*, la *Tetuán*, la *Méndez Núñez* y el *Fernando el Católico*. A bordo viajaban Contreras y Barcia, acompañados por comisiones procedentes de Valencia y Barcelona. Estas delegaciones habían acudido días antes a Cartagena para solicitar apoyo de cara a un eventual levantamiento armado en sus respectivas ciudades.

El 18 de octubre de 1873, la *Tetuán* se destacó frente a Calp y se aproximó a tierra. A mediodía se efectuó un desembarco reducido. Nicolás Constantini tomó tierra acompañado, entre otros, por Tomás Bertomeu, conocido como Tomaset de Petrer.[50] No fue una ocupación ni una acción de fuerza en sentido estricto. Se trató de una intervención breve y deliberada, ejecutada con rapidez.

Calp vivía en aquellos meses una crisis política turbulenta. Un sobrino de Colau, Jaime Ortiz Garcelá, había ejercido la alcaldía de la población en los años previos. Jaime Ortiz representó la vertiente más combativa y doctrinaria del republicanismo federal en el Calp del Sexenio Democrático. Su trayectoria política se forjó en la insurgencia armada, alcanzando el grado de capitán en la columna de Froilán Carvajal y participando activamente en la firma del Manifiesto de Villena en 1868, junto a Tomás Bertomeu. El calpino actuó como un firme dinamizador ideológico a través de la prensa republicana, manteniendo una vigilancia constante sobre los movimientos carlistas y manifestando una fe inquebrantable en la hegemonía electoral de su causa en el municipio.[51] Su figura encarnó la transición de la agitación miliciana a la responsabilidad institucional, marcando un punto de ruptura con el tradicionalismo monárquico personificado por figuras como Pedro Pastor Tur o Pedro García Mulet.

---

50   Tomás Bertomeu Bernabéu (1826-1891). Conocido como «Tomaset de Petrer», natural de Agost, fue un destacado líder del republicanismo federal y activista radical en la provincia de Alicante durante el Sexenio Democrático. De oficio contratista, lideró diversas partidas armadas y participó de forma activa en las insurrecciones de 1868 y 1869 junto a figuras como Froilán Carvajal. Su compromiso con la causa democrática y los «Voluntarios de la Libertad» le llevó a ser un actor clave en la Revolución Cantonal de 1873, defendiendo sus ideales desde el baluarte de Cartagena.

51   Jaime Ortiz Garcelá era hijo de Juan Ortiz Crespo —alcalde progresista de Calp durante el Bienio— y de Josefa Garcelá. Su estrecha vinculación con Froilán Carvajal se documenta en su correspondencia con el diario *La Revolución*, dirigido por Carvajal bajo el seudónimo de «Plácido Bernardo». En una misiva fechada en el verano de 1869, Ortiz manifestaba su disposición para movilizar fuerzas desde Calp: «[...] porque aquí sabe V. que estamos a sus órdenes. El plan que ellos tienen [...] es presentarse como republicanos para engañar por el primer momento. No sé si lo llevarán adelante, pero de todos modos ya los conocemos, y lo que les ha de sobrar es leña» (*La Revolución*, n.º 223, de 23 de julio de 1869).

Una vez al frente de la alcaldía en 1871, su gestión se caracterizó por un rigorismo económico que generó fuertes tensiones sociales y políticas. A diferencia de las administraciones precedentes, Ortiz aplicó una política de austeridad extrema, bloqueando el gasto público y calificando de innecesarias muchas de las partidas destinadas a mejoras materiales o gasto social. Esta administración restrictiva, que llegó a paralizar el funcionamiento práctico del presupuesto municipal a pesar de contar con superávit, evidenció las contradicciones de un republicanismo que, en su afán por sanear las instituciones y romper con las inercias del pasado, acabó enfrentado a las necesidades inmediatas de la población y a sus propios empleados municipales.

Con los cantonalistas en tierra, se publicó un bando ordenando la suspensión inmediata de la recaudación de los arbitrios municipales y se dio lectura a una proclama contra el Gobierno. Acto seguido, obligaron a varios cargos y vecinos a acompañar a la expedición. A las tres y media de la tarde, los retenidos fueron embarcados en la *Tetuán*.[52] La fragata levó anclas de inmediato y se puso en movimiento, aunque permaneció varias horas navegando a corta distancia de la costa, visible desde la población. Hacia las siete y media, tomó rumbo definitivo a Levante. La *Méndez Núñez* y la *Numancia* la siguieron poco después. Las tres naves avanzaron escoltadas por cinco buques extranjeros, que se mantuvieron a distancia, vigilantes (Llopis Bertomeu, 1953: 128).[53]

Durante la travesía, los calpinos embarcados lograron escapar. Algunos se arrojaron al mar frente a Gandía y Cullera, alcanzando tierra a nado. Otros lo hicieron ya en las proximidades del

[52]   Fueron embarcados el teniente de alcalde Francisco Pastor Tomas, los empleados de la contribución de arbitrios, Domingo Mengual Ortiz, Francisco Sala Perles, José Tomás Boronat, y los vecinos Jaime Ferrer Tomas, Luis Pastor Tomas, José Sendra y Francisco Morato.

[53]   El rector calpino Llopis incurre en un error al señalar a Tomás Bertomeu como natural de Calp. Bertomeu nació en Agost, si bien fue conocido como *el Petrolano* debido a sus estrechos vínculos personales y sociales con Petrer.

puerto de Valencia, aprovechando maniobras de fondeo. Ninguno regresó a bordo.

Para Constantini, la escala en Calp confirmó una realidad operativa que ya se venía perfilando después de Palos. La escuadra mantenía capacidad de desplazamiento y presencia armada, pero empezaba a operar sin objetivos estratégicos claros. La intervención en tierra se ejecutó sin resistencia ni consecuencias prácticas inmediatas. No se obtuvo adhesión, recursos ni ventaja militar. Desde el punto de vista de un comandante naval, el episodio evidenciaba una deriva hacia acciones de afirmación más que de resultado. No hay constancia de discrepancia ideológica, pero sí de una situación en la que el ejercicio del mando comenzaba a disociarse de la eficacia real de la operación.

El día 19 fondearon en El Grao, escoltados por buques extranjeros ingleses, franceses e italianos, cuya presencia hizo inviable cualquier intento de bombardear la ciudad. Valencia optó por resistir y no sumarse a la sublevación. Los cantonales decidieron abandonar cualquier intento de acción coercitiva y emprendieron el regreso el día 21. La expedición, que resultó militarmente infructuosa, solo permitió el apresamiento de seis embarcaciones cargadas con víveres y productos textiles.

4. El desgaste de la escuadra

A su entrada en Cartagena, se difundió por la ciudad la noticia de la pérdida del *Fernando el Católico*, que había sido apresado de madrugada el día 19 por la *Numancia* al separarse de la formación. Aquella expedición sería la última salida marítima relevante del Cantón.

Desde finales de octubre y durante todo el mes de noviembre, la escuadra vivió un proceso de descomposición interna. El día 22 se produjo una protesta formal de los fogoneros de la *Tetuán*, que denunciaban por escrito no haber percibido sus haberes desde el 28 de junio, afirmando no poder atender «las necesidades más perentorias» y negándose a continuar prestando servicio. En la misma fecha, la dotación se quejaba de la insuficiencia de las raciones, señalando que se les había entregado «una galleta para cada cinco».[54]

Las manifestaciones de descontento se extendieron. El comandante de la Numancia, José Solano, presentó su dimisión ante las críticas continuas a su actuación. Sin abandonar el mando de la *Tetuán*, Nicolás Constantini fue relevado de ella, tras haber recibido previamente el nombramiento de capitán de fragata. Este cambio provocó nuevas protestas de los fogoneros, que exigían licencia absoluta tras haber cumplido con creces el tiempo de servicio que les correspondía.

El segundo comandante de la *Tetuán*, Luis Montoya, informó a la Junta Soberana de que los fogoneros carecían de recursos para soportar el trabajo al que estaban destinados y no disponían de ropa de abrigo para la estación. Días después, el maquinista de guardia comunicó que, al ordenar el encendido de los hornos, los fogoneros se habían negado a hacerlo alegando la falta de pago de sus haberes.[55]

En noviembre de 1873, la Junta Revolucionaria de Cartagena comunicó a Nicolás Constantini la aprobación de la venta de la escampavía *Amalia*,[56] por un importe de 11.000 reales. El acuerdo alcanzado, a petición de Colau, autorizaba la transmisión de la embarcación al marino una vez que se verificara el triunfo de la revolución. Además, se ordenaba que la nave permaneciera anclada en el puerto de Cartagena. La operación se formalizó en un momento de ejercicio efectivo de la soberanía cantonal.

Aunque presentada como una compraventa, las circunstancias políticas y económicas del Cantón permiten interpretar esta transacción menos como una operación mercantil ordinaria que como una fórmula de compensación o regularización patrimonial

---

54   AGZMM, Insurrección cantonal, A-1.

55   AGZMM, Insurrección cantonal, B1-B-2 y B-4.

56   AGZMM, Insurrección Cantonal, B2.

en favor de uno de los principales responsables navales del movimiento.

A finales de noviembre se hizo efectivo el cese del comandante de la *Numancia* por su mal estado de salud y por la profunda división existente a bordo. Los nombramientos de Constantini para el mando de la *Numancia*[57] y de Montoya para la *Tetuán* se fijaron el 17 de diciembre.

Las carencias materiales eran graves. Una petición formal solicitaba para la *Tetuán* seis termómetros, tres con plancha de cristal y tres con plantilla de madera, así como seis hidrómetros, lo que revela una alarmante falta de control en los pañoles de munición. El 23 de diciembre, un nuevo parte del comandante de la *Tetuán* denunciaba la conducta del cabo de cañón Fermín de la Iglesia, a quien se consideraba carente del celo necesario para el cargo, con reiteradas faltas al cumplimiento de sus deberes.

En este clima se llegó a la noche de Nochebuena. Bonmatí, presidente de la Cruz Roja y entonces preso en la prisión de la Ferrolana, dejó un testimonio revelador: hubo música en las fragatas, felicitaciones entre comandantes, vino ofrecido por el almirante Colau a los músicos, vítores y algazara, mientras los proyectiles enemigos seguían cayendo sobre Cartagena.

El 27 de diciembre, la autoridad naval emitió un nuevo parte contra el primer contramaestre Manuel Rodríguez por abandono de guardia reiterado. Tres días después, en la mañana del 30 de diciembre, se declaró un incendio en la fragata *Tetuán*, que fue en principio sofocado. Al atardecer, el fuego se reavivó con

---

57   La *Numancia* fue una fragata acorazada de la Armada española, botada en 1863 en los astilleros de La Seyne (Francia) y dada de alta en 1867. Desplazaba en torno a 7.300 toneladas, con una eslora aproximada de 96 m, manga de 17 m y calado cercano a los 8 m. Estaba dotada de propulsión mixta, a vapor y vela, con una velocidad máxima cercana a los 12 nudos. Su casco estaba protegido por un cinturón de hierro y montaba artillería rayada de grueso calibre, acorde con los estándares de los primeros blindados oceánicos. La dotación reglamentaria se situaba en torno a los 600 hombres, sin que el buque estuviera concebido para el transporte de grandes contingentes de personal.

gran intensidad. No fue posible controlarlo. Se ordenó el desembarco de la tripulación y, finalmente, del comandante. El fuego alcanzó las bodegas, provocando la explosión de la pólvora. La *Tetuán*, herida de muerte, se hundió en las aguas del puerto de Cartagena.

Episodios del sitio de Cartagena. Explosiones de un almacén de munición y de la fragata Tetuán.
Fuente: *Le Monde Illustré* del 24 de enero de 1874.

Se ordenaron averiguaciones inmediatas. La instrucción quedó a cargo del presidente de la Junta de Inspección y Examen, Carmelo Crespo. Apenas se conservan noticias de la sumaria, más allá de solicitudes de papel y raciones que indican que las diligencias se prolongaron durante la noche. El general Contreras consideró el suceso oscuro y mal fundamentado. El 3 de enero, Nicolás Constantini declaró que la noche del siniestro habían pernoctado a bordo cinco maquinistas, llamados a declarar al día siguiente, que no regresaron al buque.

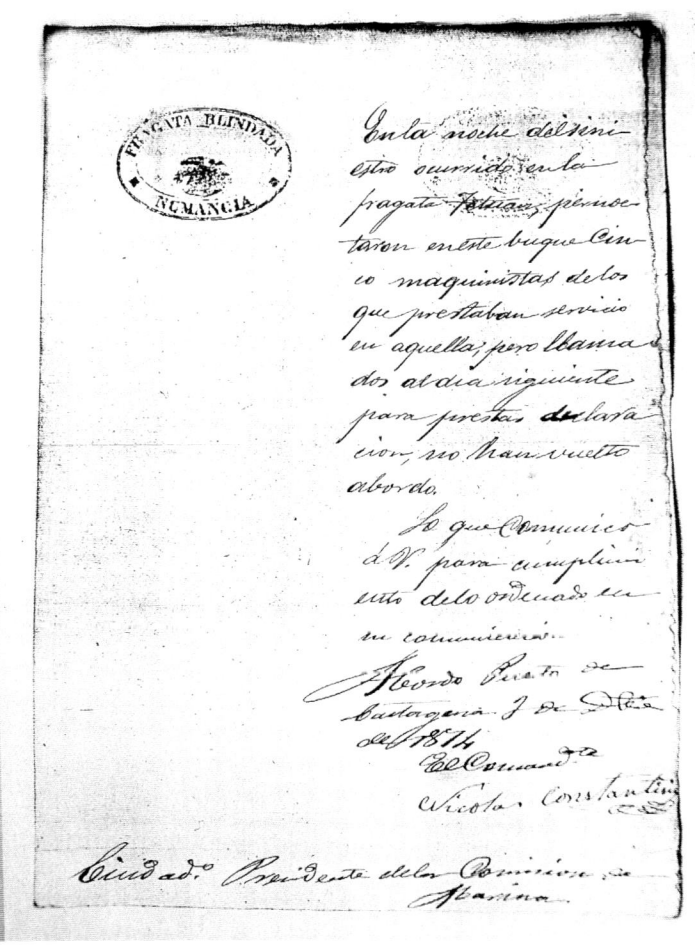

Escrito de Nicolás Constantini, como comandante de la *Numancia*, al presidente de la Comisión de Marina. 3 de diciembre de 1873. Fuente: AGZMM B-2.

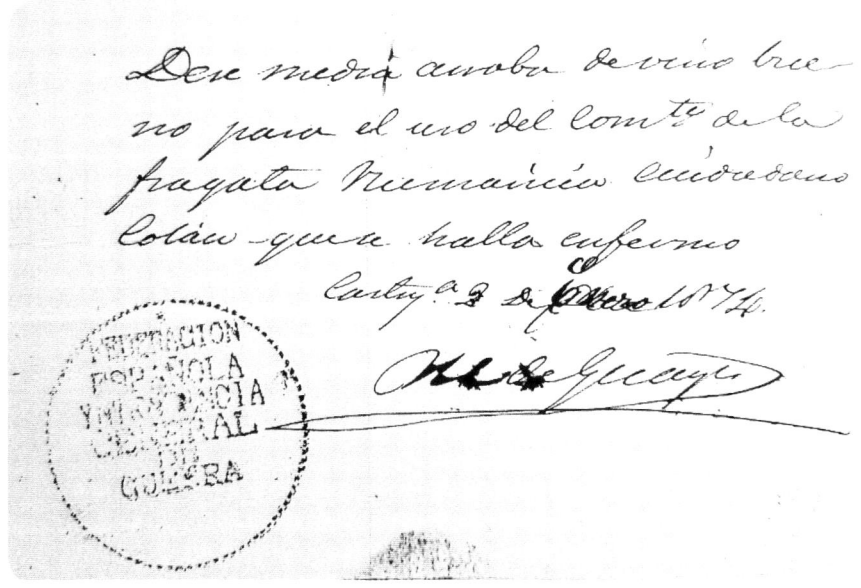

Vale para la entrega a Colau de media arroba de vino por enfermedad. 2 de enero de 1874. Fuente: AGZMM. Insurrección cantonal. C-12.

El día anterior, toda la tripulación de la *Tetuán*, 135 hombres con su comandante Luis Montoya, el segundo comandante y los oficiales de guerra, había sido formada en la Muralla por orden del General en Jefe para recibir nuevo destino.

Los informes de los mandos de buques extranjeros fondeados en Portmán coincidieron en un punto esencial. El comandante de la corbeta acorazada *Alma,* Scherer, afirmó en su parte del 7 de enero de 1874 que el accidente se debió a negligencia de maquinistas y fogoneros, aunque algunos sostenían que había sido intencionado. En cualquier caso, subrayó que el fuego enemigo no tuvo relación alguna con el siniestro.

CAPÍTULO VI

EL ÚLTIMO VIAJE DE NICOLÁS CONSTANTINI

Perdida la causa cantonal y sin capacidad material para sostener la defensa de Cartagena, en la tarde del 12 de enero de 1874 la fragata *Numancia* abandonó el puerto al mando de Nicolás Constantini. Era el último buque de guerra que permanecía en manos de los insurrectos y la única vía de salida para los dirigentes y comprometidos del movimiento.

A bordo viajaban alrededor de un millar y medio de personas. Algunas fuentes elevan la cifra hasta tres mil, una cantidad excepcional para un buque de esas características. El pasaje incluía a los principales jefes civiles y militares del Cantón, entre ellos el general Contreras y Antonio Gálvez, además de oficiales, voluntarios, miembros de juntas cantonales, familiares y civiles implicados.

El dispositivo de bloqueo establecido por el contralmirante Chicarro reaccionó al iniciarse la maniobra. Las fragatas *Vitoria, Almansa y Carmen*, junto con el vapor *Zaragoza*, abrieron fuego cuando la *Numancia* trataba de franquear la bocana. Durante la salida, el blindado embarrancó y quedó expuesto al tiro enemigo. La situación se resolvió mediante el aligeramiento de peso y el forzado de máquina. Una vez libre, la *Numancia* mantuvo el rumbo, respondió al fuego con sus baterías, cruzó el dispositivo centralista y alcanzó mar abierto. La persecución se prolongó durante parte de la noche, sin que los buques gubernamentales lograran reducir la distancia.[58]

Huida de la *Numancia* del puerto de Cartagena. 12 de enero de 1874. Fuente: *Le Monde Illustré* del 24 de enero de 1874.

La fragata puso rumbo a tierra argelina y fondeó en Mers-el-Kébir en la mañana del 13 de enero. La llegada de un buque de guerra español con cientos de refugiados planteó una cuestión inmediata a la autoridad colonial francesa. Desde la *Numancia* se cursó un despacho dirigido al Gobierno General de Argel, solicitando protección en nombre del denominado Gobierno provisional de la Federación española, por orden expresa del general Contreras.

La petición no fue aceptada. Francia no reconoció a los cantonales como gobierno ni como fuerza beligerante. Actuó para evitar cualquier implicación diplomática con Madrid. El comandante del puerto subió a bordo, ordenó la inutilización de las máquinas mediante la retirada de una pieza esencial y dispuso la

58   *El Constitucional*, n.º 1.752, 1 de febrero de 1874.

ocupación del buque. Tropas francesas tomaron posiciones y el blindado quedó inmovilizado bajo custodia. La bandera francesa fue izada en el palo mayor.

El entrepuente de la *Numancia* a su salida de Cartagena.
Fuente: *Le Monde Illustré* del 31 de enero de 1874.

Tras la capitulación, el desembarco de los expedicionarios en territorio argelino se produjo bajo una estricta supervisión de las autoridades coloniales francesas. La administración militar gala, en un esfuerzo por desarticular la cohesión del movimiento cantonal, procedió a una clasificación inmediata de los refugiados que alteraría de manera definitiva sus destinos.

La segregación fue jerárquica y operativa. Los líderes máximos, el general Juan Contreras y su jefe de Estado Mayor, el coronel Ferrer, fueron conducidos al Castillo Nuevo de Orán —residencia del general de división—, recibiendo un trato acorde a su estatus de prisioneros de Estado. En un plano distinto, pero significativo, se situó al almirante Nicolas Constantini. Aquejado por una herida en la pierna —atribuida en crónicas extranjeras al fragor del asedio—, Constantini fue trasladado en ambulancia al Hospital Militar de Orán junto al hijo de Gálvez. Ambos quedaron bajo cuidados médicos y vigilancia armada. Por su parte, el líder insurrecto Gálvez fue confinado en el fuerte de San Gregorio.[59] El resto del contingente se distribuyó por fortalezas, cuarteles y presidios de otras localidades, entre ellas Argel. A todos se les instruyeron diligencias por sedición y rebelión, con imputaciones añadidas por actos de rapiña.[60]

El rigor de la justicia se cebó en especial con los denominados «galeotes», presos comunes que se habían sumado a la causa cantonal, cuya extradición inmediata a España fue decretada por las autoridades francesas. De esta forma se sellaba la fractura irreversible entre la dirección política del Cantón y sus elementos más marginales.

La llegada de la *Numancia* a Mers-el-Kébir convirtió el puerto en un espacio bajo control militar. Las autoridades francesas desplegaron tropas a lo largo del camino desde Orán y concentraron fuerzas en torno al fondeadero. Zuavos acampados, centinelas de guardia y patrullas de vigilancia regularon el tránsito entre la ciudad y el fuerte de la Briquetterie. El movimiento constante de tropas y carruajes, junto con el control de accesos, dio al enclave el carácter de una plaza en situación operativa.

La población acudió para observar la llegada de los refugiados. La curiosidad, alimentada por las noticias procedentes de España, no encontró escenas de exaltación ni de derrota. Los cantonales desembarcados presentaban una actitud contenida, con indumentaria correcta pese a los meses de asedio. Sin gestos dramáticos ni exhibiciones. Esa sobriedad impidió que el episodio derivara en un espectáculo público.

---

59   *Morning Post,* 17 de enero de 1874.p.4.
60   *El Constitucional,* n.º 1.738, 16 de enero de 1874.

Grupo de refugiados a su llegada a Orán.
Fuente: *Le Monde Illustré* del 31 de enero de 1874.

El propio buque mostraba los efectos finales de la campaña. El casco conservaba impactos visibles, sobre todo en la proa y en los accesos a piezas de gran calibre, y también los elementos ornamentales habían sido alcanzados por el fuego enemigo. La *Numancia* dejó de cumplir función militar alguna. Una compañía francesa ocupó la fragata y no permaneció a bordo ningún miembro de la escuadra cantonal. A requerimiento del Gobierno español y tras recibir instrucciones desde París, Francia accedió a restituirla. Comprobada la ausencia de personal comprometido a bordo, el blindado fue entregado a la Armada española y regresó a Cartagena.

La intervención administrativa se produjo sin demora. La aduana, con apoyo de la gendarmería, requisó efectos introducidos sin declaración por los pasajeros, en especial tejidos y fardos de lienzo. La prioridad fue el control de la situación: neutralizar el buque, dispersar a los refugiados y eliminar cualquier elemento que pudiera generar fricción con el Gobierno español.

La *Numancia* en el dique flotante del puerto de Cartagena.
Fuente: Cristina Roda Alcantud.

La caída de Cartagena no supuso un cierre inmediato del episodio cantonal. Inició una fase marcada por la persecución de sus dirigentes. En ese nuevo escenario debe situarse la situación personal de Nicolás Constantini tras la salida de la *Numancia* y su internamiento en Argelia.

Apenas consumada la capitulación, el gobierno presidido por el general Serrano activó una política represiva que no distinguió entre responsabilidades militares, civiles o simbólicas. La inexistencia de compromisos formales de indulto durante la rendición permitió al Ejecutivo actuar sin restricciones. Desde Madrid se ordenó la persecución de los principales jefes cantonales bajo acusaciones de rebelión, sedición y apropiación de bienes, extendiendo las actuaciones más allá del territorio peninsular.

Para Constantini, esta situación tuvo consecuencias inmediatas. Su condición de comandante del último buque insurrecto y su papel visible en la ruptura del bloqueo lo situaron entre las figuras más señaladas del Cantón. Aunque se encontraba fuera de España, su nombre quedó incorporado a las relaciones de dirigentes perseguidos. Su estancia en Orán no adoptó la forma de un exilio libre. Su presencia se sometió a control y vigilancia.

Las autoridades francesas, en coordinación con los consulados españoles, mantuvieron un seguimiento constante de los exiliados cantonales. El temor a nuevas tentativas insurreccionales justificó medidas de control sobre sus desplazamientos y actividades. Algunos fueron internados en puntos alejados de la costa argelina. Todos quedaron bajo observación administrativa. En ese marco se explica la desaparición de Nicolás Constantini del primer plano histórico y el carácter crepuscular de su trayectoria posterior.

El antiguo pleito familiar con los Feliu de Benissa quedó resuelto en esas fechas. La sentencia condenatoria se dictó el 9 de diciembre por el juzgado de Callosa y la prensa oficial reprodujo el texto íntegro de la resolución el día 12. El fallo obligaba a la familia a abonar a Juan Feliu la suma de 10.000 reales, con un interés del 6% devengado desde el 21 de diciembre de 1871 — fecha de admisión de la demanda— hasta la liquidación total de la deuda, incluyendo la condena en costas. La sentencia no reconoció un pago de la suma pendiente que la defensa alegó haber satisfecho previamente ante un procurador del acreedor. Coincidiendo con estos años, el hacendado de Benissa construyó una villa de estilo romántico en Ifach, en terrenos que la documentación vincula a la previa desposesión familiar.

El 5 de mayo de 1874, el fiscal militar de Cartagena emplazó a Constantini, junto a Barcia, Contreras y Tomás Bertomeu, a comparecer por los sucesos de Calp del 18 de septiembre.[61] Al no personarse en la causa, fueron declarados en rebeldía. El 20 de julio del año siguiente se publicó una nueva requisitoria contra Constantini y otros individuos sumariados por el levantamiento cantonal.[62]A partir de ese momento, la figura del marino se

61   *Gaceta de Madrid*, n.º 139. 19 de mayo de 1874.
62   *Gaceta de Madrid,* n.º 219. 7 de agosto de 1875.

desvanece de los registros judiciales verificables, reapareciendo únicamente a través de informaciones periodísticas imprecisas y fuentes testimoniales indirectas.

Imagen de la Casa de Pusa, al pie del Peñón de Ifach, que fue propiedad de Juan Feliu Rodríguez. Calp, años 20. Fuente: Andrés Ortolá Tomás.

1. Del control administrativo al territorio del rumor

En febrero de 1877 se publicó en la prensa valenciana una noticia que contribuyó a alimentar la incertidumbre en torno al destino final de Nicolás.[63] Según una correspondencia remitida desde Xàbia y publicada por *El Mercantil Valenciano*, un buque argelino había arribado a puerto tras haber perdido en alta mar a su patrón, identificado por los tripulantes como el propio Colau,

---

63   *El Pabellón Nacional,* n.º 1613, 23 de febrero de 1877, p.2. Esta publicación se hace eco de una noticia aparecida en el *Mercantil Valenciano*. También en el diario *España*. 23 de febrero de 1877.

antiguo almirante de la escuadra cantonal. La versión recogida indicaba que Constantini habría caído al mar durante la travesía y que se le dio por muerto.

Una información posterior añadía un giro inesperado. Desde Argel se afirmaba que, en el momento en que el marino había quedado a la deriva, un buque inglés lo recogió y lo desembarcó posteriormente en la costa africana. La noticia no aportaba datos verificables sobre el lugar exacto, la fecha ni las circunstancias posteriores, y se transmitía como un testimonio indirecto, sin confirmación oficial.

El mismo texto periodístico expresaba extrañeza por la actuación de las autoridades, que tras detener a toda la tripulación no habrían conducido el buque a un puerto seguro, como Alicante o Valencia, dejándolo fondeado durante días en la bahía de Xàbia, expuesto a perderse con un cambio de tiempo. Más allá de la suerte personal de Constantini, el articulista insistía en el perjuicio potencial para los intereses del Estado si este asunto se gestionaba con negligencia.

Esta inserción en prensa no permite reconstruir con certeza los hechos que describe; no obstante, resulta significativa por dos motivos. Por un lado, muestra que, varios años después del final del Cantón, el nombre de Colau seguía circulando envuelto en versiones contradictorias, entre la desaparición, la supervivencia y el rumor. Por otro, confirma que su figura había pasado al terreno de la noticia imprecisa y del comentario marginal. Estos síntomas evidencian una trayectoria que se diluía fuera de los registros oficiales y se prolongaba en un espacio de incertidumbre del que ya no regresaría con nitidez documental.

En 1878 se elaboró un informe reservado de carácter policial. Este se sustanció a partir de la vigilancia que se mantenía sobre los antiguos dirigentes cantonales refugiados en Argelia.[64] La comunicación interna informaba a la administración española sobre la situación material y personal de los exiliados considerados más significativos.

En ese informe, Nicolás Constantini aparecía descrito como una figura ya degradada y sin capacidad de acción. El documento afir-

---

64   AMAE, Correspondencia de Orán, leg, 1.998.

maba que vivía «a expensas de su cuñado», Matías Sitges García, rico comerciante, y que su existencia transcurría «sin ocupación conocida, entregado a una vida miserable». Su contenido insistía en que pasaba los días «entre la casa y los cafés», sin trabajo estable ni iniciativa alguna, y que frecuentaba el mismo entorno que otros antiguos cantonales, en especial el general Contreras, también refugiado en Argel.

El tono del informe era deliberadamente demoledor. Subrayaba un deterioro personal sin constatación de su inactividad política. Se hablaba en él de «absoluta dejación», de una conducta marcada por «hábitos viciosos» y de una existencia «indigna del papel que en otro tiempo desempeñó». El antiguo jefe naval del Cantón aparecía reducido, en palabras del propio confidente, a «un hombre sin medios, sin prestigio y sin horizonte».

El retrato cumplía una función administrativa precisa. El informe, sin establecer una verdad biográfica, pretendía valorar el grado de peligrosidad política del antiguo dirigente cantonal. La insistencia en la dependencia económica y la supuesta degradación personal servían para presentar a Constantini como un elemento neutralizado.

En febrero de 1880 la prensa volvió a dar por concluida la vida de Nicolás Constantini, esta vez mediante una narración detallada de su supuesta muerte violenta en Argelia.[65] Una carta procedente de Argel, reproducida en periódicos peninsulares, relataba los pormenores del fallecimiento de Colau, presentado todavía como marino famoso y antiguo jefe naval de los buques cantonales de Cartagena.

Según esa versión, Constantini llevaba tiempo trabajando como conserje o guarda en una finca. Tras advertir la desaparición de objetos de valor en un gran corral del edificio, habría decidido montar vigilancia nocturna, armado con una escopeta. En una madrugada, observó a varios hombres —identificados como moros— escalando los muros del recinto. Al penetrar en el interior, Constantini disparó contra uno de ellos, causándole la muerte.

---

65   *El Imparcial*, 9 de febrero de 1880, p.2.

El relato continúa describiendo una reacción inmediata del resto del grupo. Cuatro asaltantes se habrían abalanzado sobre él. Sin tiempo para recargar el arma, fue reducido por tres de ellos, que le sujetaron los brazos, mientras el cuarto le asestaba varias puñaladas. Las heridas le habrían causado la muerte en el acto.

Como en otros casos anteriores, la noticia no iba acompañada de confirmación oficial ni de referencia documental verificable. Tampoco precisaba lugar exacto, identidad de testigos ni intervención de autoridad alguna tras los hechos. Su interés reside menos en la certeza del suceso que en la persistencia de un patrón: la reiterada aparición de noticias que anuncian, con años de diferencia, la muerte de Constantini en circunstancias extremas y siempre en escenarios marginales.

En marzo, Nicolás Constantini respondió desde Argel. La rectificación, publicada en un diario liberal de Alicante y dirigida a su director,[66] tenía un tono sobrio y directo. Buscaba desmentir de forma tajante los rumores difundidos sobre su persona. En ella afirmaba:

> «Muy señor mío: teniendo en mi poder uno de sus diarios fecha 8 de febrero pasado, en el que contenía un artículo que me concernía particularmente, diciendo que yo había sido asesinado por unos cuantos árabes, inútil es decir que esta noticia ha sido dada fuera de toda exactitud, ni menos he sido empleado como conserje en ningún casino. El autor de esta noticia ha querido dar un disgusto a mis amigos y un sobresalto a mis parientes; al otro día que su diario daba semejante nueva, mis amigos y parientes habían hecho marchar el telégrafo para asegurarse de la verdad, y vieron que Colau aún vivía y vive.
>
> El título que se me da de temerario, las escuadras pueden afirmarlo. El de aventurero es el de haber salvado miles de almas que les esperaba la muerte si hubiesen sido prisioneros. Inútil de ser más extenso en esta materia, que todos la conocen, como igualmente mi comportamiento en aquellas críticas circunstancias».

En febrero de 1885 la prensa informaba que Colau había solicitado el indulto desde Argel.[67]

---

66   *El Constitucional,* n.º 3.569, 12 de marzo de 1880, p.2.
67   *La Correspondencia de España,* n.º 9.824, 13 de febrero de 1885, p.3.

Nicolás Constantini Colau falleció en Orán el 26 de agosto de 1886, a las cuatro de la tarde, en la Casa Mariani de la plaza de Orleáns. Dejaba viuda, cuatro hijos y tres hijas.[68]

Semblanzas de Colau en la prensa francesa de Argelia.
Fuente: https://gallica.bnf.fr/

Plaza Emerat y calle de Orleáns, con la fuente homónima y, a continuación, la Posada Española. Fuente: Pierre-Sauveur B.

---

68   Registro Civil de Orán, n.º 1.373. Defunciones.

COLAU, ENTRE LA COSTA
Y EL HORIZONTE

Este trabajo ha intentado recorrer la trayectoria de Nicolás Constantini, Colau, desde su origen calpino hasta su desaparición final en Orán. El estudio ha atravesado territorios complejos. Trata de reconstruir un itinerario vital muy poco documentado e inscrito en un orden económico y político inestable. Las categorías morales y políticas rara vez se presentan en estado puro y, a menudo, quedan oscurecidas por las propias sombras de la historia.

Constantini no puede entenderse fuera del mundo que lo formó. Calp fue para él un lugar de nacimiento y de corto aprendizaje, una tierra negada en términos patrimoniales y políticos. Un pequeño pueblo donde la mayor parte de su población vivía subordinada a intereses externos y donde el mar ofrecía la única vía real de autonomía. Por ello, el hijo del contrabandista fue el resultado de un entorno familiar y social sacudido por un tiempo controvertido y violento. Siempre el mar, como componente estructural de la economía y de una cultura de vida. La familia Constantini se movió dentro de ese sistema de supervivencia que legitimaba una forma de subsistencia en la ilegalidad. Colau heredó ese mundo y lo utilizó como escuela.

El contrabando, lejos de ser un simple antecedente oscuro, aparece como un espacio de formación técnica y humana. Las redes clandestinas exigían capacidades de mando, conocimiento del mar, gestión de hombres y toma de decisiones bajo presión. Ese aprendizaje explica mejor que cualquier filiación ideológica posterior la solvencia con la que Constantini asumió responsabilidades navales durante el Cantón de Cartagena. Su acceso al mando fue fruto de una experiencia acumulada durante décadas en escenarios de violencia, en circunstancias donde la autoridad se ganaba, no se otorgaba.

Orán constituyó el segundo gran eje interpretativo de su trayectoria. La ciudad colonial fue un verdadero espacio de recomposición social y política. Allí, Constantini alcanzó prestigio y una integración en redes que desbordaban lo mercantil. El episodio del naufragio del *Borysthène* marcó un punto de inflexión decisivo por el heroísmo demostrado y el capital simbólico que ese gesto generó. Colau dejó de ser solo un marino experimentado para convertirse en una figura pública reconocida, capaz de moverse en sectores de influencia y poder.

Ese desplazamiento explica, en parte, su posterior proximidad a los círculos republicanos y federales. No hay indicios sólidos de una militancia ideológica temprana ni de una adscripción doctrinal rígida. Su republicanismo, como se ha argumentado, fue más práctico que teórico, más fruto de afinidades y experiencias compartidas que de lecturas o programas. En este sentido, Constantini encarna una forma de politización propia del mundo marítimo mediterráneo: flexible, pragmática, basada en la lealtad personal y en la desconfianza hacia los poderes centrales.

La Revolución Cantonal de Cartagena aparece como una ruptura radical en su biografía, aunque es la continuación lógica de un recorrido previo. Cuando Colau se incorpora al Cantón es un hombre que ya vivía en los márgenes del sistema y para quien la crisis del Estado ofrecía una oportunidad de coherencia vital. Su actuación al mando de la *Tetuán* y, más tarde, de la *Numancia*, confirma esa lectura. En Palos no obtuvo una victoria estratégica, pero sí una consagración moral. En la retirada final hacia Mers-el-Kébir, asumió el papel que le correspondía: el del último responsable de una causa derrotada, capaz aún de ejecutar una maniobra decisiva cuando todo parecía perdido.

El epílogo de su vida, marcado por el exilio, la vigilancia y el progresivo silencio documental, refuerza la dimensión trágica del personaje. La memoria familiar lo transforma en carlista y pariente de Prim, mientras la realidad histórica evidencia hasta qué punto el exilio descompone la verdad factual y la sustituye por verdades afectivas. Las noticias contradictorias sobre su muerte, los comentarios reiterados y las rectificaciones públicas muestran cómo Constantini pasó, ya en vida, del territorio del documento al de la leyenda.

En el episodio final de su contestación en prensa a los rumores sobre su persona, Colau sostiene con firmeza una reivindicación de su obra como redentor de vidas y hombre temerario: «Colau aún vive», dice de sí en tercera persona. Es el marino en el que Sender vio el aspecto imponente de alguien que mostraba una suavidad en las formas y una elegancia natural. O el de la fiereza de continente que, según Galdós, trocaba luego en un trato cariñoso y a veces hasta pueril.

Nicolás Constantini acabó sus días transformado, no derrotado. Como perfil no encaja en las categorías simples del héroe o del villano, ni puede reducirse a la figura del ideólogo o del contrabandista. No debe ser juzgado, cuando menos, bajo la lente de la moralidad convencional. Su ruta se abrió en un mar donde las identidades eran inestables y las lealtades se redefinían según circunstancias cambiantes. Desde ahí debe leerse su deriva, como la de un hombre moldeado por los límites de su tiempo, más que por una posición fija dentro de él.

Cerrar esta obra no significa clausurar el personaje. Al contrario. Significa devolverlo a su escala humana, liberarlo tanto de la épica literaria como del olvido documental. Colau no pertenece del todo a Calp, ni a Orán, ni siquiera a Cartagena. Pertenece a un espacio intermedio, allí donde la historia se construye a partir de vidas que no encajan del todo en los relatos oficiales. Y es precisamente en esa zona de penumbra donde su figura adquiere su sentido verdadero.

FUENTES Y BIBLIOGRAFÍA

Archivos

AGZMM. Archivo General de la Zona Marítima del Mediterráneo

AHDPA. Archivo Histórico de la Diputación Provincial de Alicante

AHDOA. Archivo Histórico Diocesano Orihuela-Alicante

AHMD. Archivo Histórico Municipal de Dénia, Alicante

AHN. Archivo Histórico Nacional

AHPA. Archivo Histórico Provincial de Alicante

AHCOG. Archivo Histórico Casa Orduña de Guadalest, Alicante

AMAE. Archivo Ministerio de Exteriores.

AHMP. Archivo Municipal de Pego, Alicante

Bibliografía

Artículos en revistas

GÁMEZ AMIÁN, A. (1982) Aproximación al contrabando en las costas meridionales durante el Siglo XVIII y la primera mitad del XIX. Cuadernos de Ciencias Económicas y Empresariales Nº 9-10, pp. 23-41.

Libros

AMILLO ALEGRE, F. (2012) Historia de Benidorm de los orígenes a 1960, Alacant, AEMBA.

CAMPÓN I GONZALVO, J. & PASTOR FLUIXÁ, J. (1989) Nuevas aportaciones a la Historia de Calp. Calp, Ajuntament de Calp.

CARDONA IVARS, J.J. (2011) *Diccionari benisser*. Alacant, Institut alacantí de Cultura Juan Gil Albert.

CAVANILLES, A.J. (1797) Observaciones sobre la historia natural, geografía, agricultura, población y frutos del Reyno de Valencia, t. I y II, Imprenta Real.

EVANGELIO LUZ, C. (2013) Benidorm, 1808. Acercamiento a un pueblo mediterráneo durante la guerra del Francés. Antecedentes y primeros momentos, Sella. AEMBA y Ajuntament de Benidorm.

LURI PRIETO, J.L. (2003). Calpe, tierra y almas III. Calpe, Crónicas calpinas.

—(2017) Masías, casas fuertes y otras cosas memorables, Barcelona, Asociación Roger de Lauria, Riurau editors.

—(2019) *De la construcció de la Benissa liberal. Un segle de vida política i municipal (1760-1860)*, Alicante, Instituto de Cultura Gil Albert.

LLOPIS BERTOMEU, V. (1953). Calp.

LLORCA BAUS, C. (1994) Historia Marinera de Benidorm (1781-1950). Benidorm, Ayuntamiento de Benidorm.

MADOZ IBÁÑEZ, P. (1846) Diccionario Geográfico Estadístico de España. T. I, València, Edicions Alfons el Magnànim.

MEDIONI, M.A. (1979). El Cantón de Cartagena. Madrid, Siglo XXI de España Editores, S.A.

MONTES BERNÁRDEZ, R. (2003) De contrabandistas y carabineros en la región de Murcia durante el s. XIX, Murcia, Nausícaä

MONTGOMERY MARTIN, R. (1837) *History of the British Possessions in the Mediterranean*, Londres.

PANIAGUA FUENTES, F. J. & PIQUERAS ARENAS, J. A. (2006). Diccionario biográfico de políticos valencianos (1810-2005). Valencia, Institució Alfons el Magnànim; Diputació de València.

PÉREZ GALDÓS, B. (1986) De Cartago a Sagunto, serie Episodios Nacionales, Madrid, Alianza.

PUIG CAMPILLO, A. (1986). El Cantón Murciano, Murcia, Editora Regional de Murcia.

ROLANDI SÁNCHEZ-SOLÍS, M. (2022). La Marina cantonal, Cartagena, editorial Nova Spartaria.

SENDER, R.J. (1987). Mr. Witt en el Cantón, ed. Jover Zamora, J.M. Barcelona, ediciones Castalia.

TOFIÑO SAN MIGUEL, V. (1787) Derrotero de las costas de España en el Mediterráneo y su correspondiente de África, Madrid, Ibarra.

VILAR RAMÍREZ, J.B. (1989) Los españoles en la Argelia francesa (1830-1914), Madrid, Centro de Estudios Históricos, CESIC.

YACONO, X. (1969). *Un siècle de franc-maçonnerie algérienne, 1785-1884*. París, Maisonneuve et La Rose.

Fuentes de Internet

https://archivos.csif.es/ ARRIBAS HERNANDO, A.M. (2009) n.º 14, La neo-nobleza isabelina, los condes de Vilches.

http://anom.archivesnationales.culture.gouv.fr/. Registros históricos civiles de ultramar. Gobierno de Francia.

https://www.siv.archives-nationales.culture.gouv.fr/. Archivos de naturalización

https://www.congreso.es/es/. Diario de sesiones.

https://doi.org/10.18042/hp.49.04 Moisand, J. (2023). Revisitar el Cantón de Cartagena: Microespacio revolucionario y conexiones globales (1873). https://doi.org/10.18042/hp.49.04

Fuentes hemerográficas

Boletín Oficial de la provincia de Alicante

Courrier de la la Rochelle

El Cantón Murciano

El Constitucional

El Correo nacional

El Imparcial

El Pabellón nacional

España

Gaceta de Madrid

Gibraltar chronicle and commercial-intelligencer

La Correspondencia de España

La Presse

La Posdata

La Revolución

Las Circunstancias

L'Echo d'Oran

L'Echo d'Oranie
Le Monde Illustré
Le Progès de Bel-Abbès
Le Temps
Morning post

Este libro ha sido realizado con la fuente de letra denominada Ibarra Real. Se trata de una bella tipografía histórica española que tiene su origen en la Imprenta Real de España, en tiempos de Carlos III (1759-1788), y que hoy, dos siglos y medio después, ha sido adaptada con el objeto de poder ser utilizada en nuevos soportes y con las actuales tecnologías.

De esta manera Última Línea desea apoyar y contribuir a difundir el extraordinario patrimonio cultural y tipográfico español.